"新标准"婴幼儿托育类专业系列教材 ⓘ教育·融合

上海市职业教育"十四五"规划教材

0-3 SUI YING YOU ER REN ZHI FA ZHAN YU JIAO YU

0—3岁婴幼儿认知发展与教育 微课版

主 编 左志宏　　副主编 黄 瑾 邱晓虹

华东师范大学出版社
·上海·

图书在版编目（CIP）数据

0—3岁婴幼儿认知发展与教育 /左志宏主编. —上海：华东师范大学出版社，2020
ISBN 978－7－5760－0240－9

Ⅰ.①0… Ⅱ.①左… Ⅲ.①婴幼儿－早期教育
Ⅳ.①G61

中国版本图书馆 CIP 数据核字（2020）第 081440 号

0—3 岁婴幼儿认知发展与教育

主　　编　左志宏
责任编辑　罗　彦
审读编辑　赵建军
责任校对　吕安轩　时东明
版式设计　罗　彦
封面设计　庄玉侠

出版发行　华东师范大学出版社
社　　址　上海市中山北路 3663 号　邮编 200062
网　　址　www.ecnupress.com.cn
电　　话　021－60821666　行政传真 021－62572105
客服电话　021－62865537　门市（邮购）电话 021－62869887
地　　址　上海市中山北路 3663 号华东师范大学校内先锋路口
网　　店　http://hdsdcbs.tmall.com/

印 刷 者　上海龙腾印务有限公司
开　　本　787 毫米×1092 毫米　1/16
印　　张　11.25
插　　页　1
字　　数　240 千字
版　　次　2020 年 9 月第 1 版
印　　次　2025 年 8 月第 13 次
书　　号　ISBN 978－7－5760－0240－9
定　　价　35.00 元

出版人　王　焰

前言

QIAN YAN

党的二十大报告指出："我们要坚持教育优先发展、科技自立自强、人才引领驱动，加快建设教育强国、科技强国、人才强国，坚持为党育人、为国育才，全面提高人才自主培养质量，着力造就拔尖创新人才，聚天下英才而用之。"人生百年，立于幼学。0—3岁既是个体身心发展速度最快的时期，也是为一生奠基的关键时期。0—3岁婴幼儿的发展与教育于国、于家、于个本都具有极为重要的意义。

认知，包括感知、注意、思维、想象等方面，是婴幼儿发展的核心领域之一。认知发展是指人类各种认知能力随年龄增长产生的相对持久的有序变化，除受到生理成熟的影响外，成长环境中所提供的各种信息、教育活动都可为认知发展起到助推作用。认知的发展是其他各领域发展的前提，其发展水平对个体未来的学业成就、人际交往起着至关重要的作用。因此，针对认知发展的教育活动同时对儿童的语言、审美、社会性等发展也有较大的影响。鉴于此，早期教育及学前教育专业人员有必要了解和掌握婴幼儿在0—3岁飞速发展时期里的各种认知能力发展的阶段特征、影响因素及其教育对策。

本教材的八章内容可分为四个部分：第一章着重对认知所涵盖的具体领域及其发展特征与影响因素进行概述，第二章聚焦于认知发展的理论观点，第三章至第七章按月龄分别介绍不同时期婴幼儿认知发展的特点及其教育促进的路径，第八章则重在梳理婴幼儿认知发展中常见的问题及对策。本教材各章节还设置了"案例与分析"、"拓展阅读"、"本章小结"、"思考与练习"等栏目，以期增强可读性和可用性。

本教材的编写是集体力量与智慧的结晶，编写任务的分配如下：由左志宏撰写教材大纲，确立本书的框架和内容；第一章、第二章由华东师范大学左志宏、邱晓虹编写，第三章、第四章由漳州城市职业学院黄瑾编写，第五章、第六章由漳州城市职业学院黄瑾、天津师范大学陈国钰编写，第七章由华东师范大学邱晓虹、天津师范大学陈国钰编写，第八章由上海市长宁区愚园路第一幼儿园顾芮莹、华东师范大学邱晓虹编写。邱晓虹还对书稿的统合与校对付出了辛勤劳动。此外，本书的编写还参考了相关的书籍、报刊和网络资料，在此对作者们一并致谢！当然，由于编者能力所限，书中难免存在疏漏和不当之处，恳请同行与读者不吝指正。

本书可供早期教育、婴幼儿托育、学前教育专业学生作为教材使用，也可供早教工作者从事教学、科研和实际工作时参考。本书"思考与练习"参考答案可至 have.ecnupress.com.cn 下载。

目录

MU LU

第一章

绪 论

学习目标

1. 了解认知的概念和领域。
2. 理解婴幼儿认知发展的概括性特征。
3. 了解影响认知发展的因素。
4. 明晰 0—3 岁婴幼儿认知发展与教育的意义。

本章导览

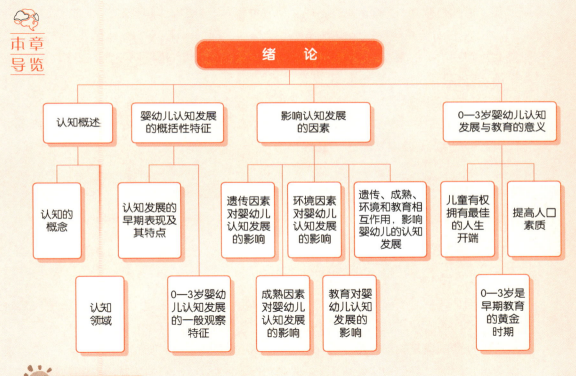

本章导语

　　成人在大约 3 个月大的贝贝面前放了一个小球和一个大球,虽然他还不会用手拿东西,却能根据球的大小及与球之间的距离不停地用不同姿势去抓:小球用手掌去抓,大球用两只手去抱。

　　看了这段文字,你是不是被婴儿的"聪明"所震撼了?其实这都与婴幼儿的认知发展有关。那么什么是认知?认知包括哪些领域?婴幼儿认知发展的概括性特征是什么?影响认知发展的因素有哪些?本章将对这些问题进行详细介绍。

第一节　认知概述

每个人生活在大千世界,每时每刻都有诸多的信息需要去看、去听、去想、去记,这个过程就是认知。

一、认知的概念

据《牛津大辞典》的解释,认知是指通过思维、经验和感知获得知识和理解的心理活动或过程。举凡与获知、理解有关的心理活动或过程,均可归入认知范畴。例如前文所提到的,3个月左右的婴儿能根据面前球的大小及与球之间的距离不停地用不同姿势去抓,说明婴儿感知到了球的存在,而且能根据抓的效果来调整姿势,也说明婴儿有了相关的经验和思维,即达到了一定的认知水平。

在心理过程领域,认知往往与情绪情感、意志、行为等并列,简称为知、情、意、行。在发展领域,认知发展与社会性发展(比如情绪情感、社会关系、个性及道德发展等)各占半壁江山,共同构成了心理发展的完整图景。

二、认知领域

认知包括感知觉、记忆、思维、想象、注意、元认知和社会认知。

(一)感知觉

1. 感知觉的含义

感知觉是人脑对当前直接作用于感官的客观事物的反映。相对而言,感觉是人脑对刺激个别属性的反映,知觉则是人脑对直接作用于感官的客观事物的整体反映。

感觉也可以说是人脑对事物的个别属性的认识。例如,我们面前有一个苹果,我们是怎样认识它的呢? 我们用眼睛去看,知道它有红红的颜色、圆圆的形状;用嘴一咬,知道它是甜的;拿在手上一掂,知道它有一定的重量。这里的红、圆、甜、重就是苹果的一些个别属性。红是由苹果表面反射的一定波长的光波引起的;圆是由苹果的外围轮廓线条作用于眼睛引起的;甜是苹果内部的某些化学物质作用于舌头引起的;重是由苹果压迫皮肤表面引起的。我们的头脑接受和加工了这些属性,进而认识了这些属性,这就是感觉(sensation)。

人们通过感官得到了外部世界的信息,这些信息经过头脑的加工(综合与解释),产生了对事物整体的认识,就是知觉(perception)。例如,看到一张桌子、听到一首乐曲、闻到一种菜肴的芳香、微风拂面感到丝丝凉意等,这些都是知觉现象。知觉与感觉一样,是事物直接作用于感觉器官产生的,同属于对现实的感性认识形式。也就是说,一旦离开了事物对感官的直接作用,就会既没有感觉,也没有知觉。

知觉以感觉作基础,但它不是个别感觉信息的简单总和。例如,我们看到一个正方形,它的成分是四条直线。但是,把对四条直线的感觉相加在一起,并不等于知觉到一个正方形。知觉是按一定方式来整合个别的感觉信息,形成一定的结构,并根据个体的经验来解释由感觉提供的信息,它比个别感觉的简单相加要复杂得多。我们日常看到的不是个别的光点、色调或线段,也不是一大堆杂乱无章的刺激特性,而是由这些特性组成的有结构的整体,如房屋、树木、花草、人物等。刺激物的个别属性或特性,总是作为一定事物或对象的属性或特性而存在的。比如,我们看到的红色,不是红旗的红色,就是红花或红衣的红色;我们听到的声音,不是马达的声音,就是说话的声音等。这些属性与一定的客体相联系,并具有一定的意义。在这个意义上,不与任何具体事物相联系的、完全没有客体意义的感觉是很少的①。

2. 感知觉的形成

感知觉的形成包括三个环节:对感受器的刺激过程、传入神经的活动和大脑皮质的活动。第一个环节由感受器完成,感受器是一些专门的神经细胞,接受特定的物理化学刺激并将其转化为生物电信号。每种感觉都有其特定的感受器,这些感受器承担着对特定刺激进行能量转换的作用。第二个环节即将感受器转换成的刺激生物电信号传递至大脑特定区域。第三个环节在大脑的投射区完成,脑皮质对承载刺激的生物电信号进行反应,感知便产生了。感知是动态的过程,感知系统对个体的反应及活动情况不断提供反馈并对之进行调节。

(二)记忆

1. 记忆的含义

记忆(memcry)是在头脑中积累和保存个体经验的心理过程,运用信息加工的术语表述,就是人脑对外界输入的信息进行编码、存储和提取的过程。人们感知过的事情、思考过的问题、体验过的情感或从事过的活动,都会在人们头脑中留下不同程度的印象,其中有一部分作为经验能保留相当长的时间,在一定条件下还能恢复,这就是记忆。

记忆与感知觉不同,感知觉是人对当前直接作用于感官的事物的认知,相当于信息的输入,而记忆是对信息的编码、存储和提取。例如,分别多年的老朋友不在我们眼前时,我们仍能想起他的音容笑貌、言谈举止,当再见到他时还能认得出来。记忆是保存个体经验的形式之一。个体经验保存的形式是多种多样的,例如,书籍、雕塑、图画、建筑物等社会文化形式,都可以保存个体经验。但是,只有在人脑中保存个体经验的过程才叫记忆②。

---

① 彭聃龄.普通心理学(修订版)[M].北京:北京师范大学出版社,2001:74—125.
② 彭聃龄.普通心理学(修订版)[M].北京:北京师范大学出版社,2001:201.

2. 记忆的过程

一个完整的记忆过程分为三个环节：识记、保持、再认和回忆。识记是识别和记住事物的过程，即个体与所要记忆的事物接触，接受其刺激作用并对之予以加工，使之能被自身已有经验体系所接纳。保持是指将已识记的知识经验在大脑中进行储存，把所识记的内容纳入自身的经验体系中，以备后用。再认和回忆是记忆的再作用环节，识记和保持的目的就是为了以后让其再作用，仅识记和保持，对个体并没有什么用处。再认是指经验过的事物再次出现时能够把它认出来。例如，甜甜跟随妈妈逛商店，指着货架上的几种玩具，告诉妈妈："我们幼儿园里也有这样的玩具！"在听到一支歌曲时，高兴地说："妈妈，我也会唱，老师教过我们！"这都是再认[①]。回忆则是经历过的事物不在面前，能够把它重新回想起来。例如，涵涵生日快到了，想起了去年妈妈陪她一起过生日的场景，这就是回忆。

这三个记忆环节与信息加工的观点存在大体上的对应：识记相当于信息加工的编码；保持对应于信息加工的存储；再认和回忆相当于信息加工的提取。

3. 记忆的分类

记忆现象是多种多样的，可根据不同的维度对记忆进行分类[②]。

(1) 根据记忆内容，记忆可被分为动作记忆、形象记忆、情绪记忆和语词-逻辑记忆

动作记忆也称运动记忆，是以人们操作过的动作为内容的记忆，如学习游泳、健美操等依靠的是动作记忆。它是个体掌握各种生活、工作技能的基础，往往识记时比较困难，而一旦记住，则较易保持和恢复。一般在个体出生后的第一个月就会表现出动作记忆，其发展要比其他各种记忆早一些。

形象记忆是以过去感知过的事物形象为内容的记忆。例如，人们参观了绘画展，对各种线条、画风等留下了印象；再如，婴儿能辨别妈妈的声音，到6个月左右出现"怯生"——只让自己熟悉的人抱而拒绝陌生人，这些都是形象记忆在起作用。具有显著直观性的形象记忆保存的是事物的感性特征。根据不同感觉通道所形成形象的不同特点，形象记忆又可被细分为视觉记忆、听觉记忆、味觉记忆、嗅觉记忆和触觉记忆。

情绪记忆是以个体体验过的情绪情感为内容的记忆。例如，当某人回味起全家人一起观看春节联欢晚会的情景时，仍能感受到当时那种其乐融融的心情，这就是情绪记忆。它是个体情感发展过程中不可或缺的情绪体验积累的心理机制，常常推动人们从事某种能唤起积极情绪体验的活动，而回避那些唤起消极体验的事物，所谓"一朝被蛇咬，十年怕井绳"就是这个道理。

语词-逻辑记忆是用词的形式，以概念、命题、公式、定理等为内容的记忆。例如，学生学习的人类文化知识经验多属于语词-逻辑记忆。其特点是：具有概括性、理解性和逻辑性等。由于语词-逻辑记忆的载体往往是语言符号，这就要求个体的语言能力发展到一定

① 陈坪，李殿录，李敏.学前儿童心理学[M].哈尔滨：黑龙江教育出版社，2009：114.
② 王明晖.0—3岁婴幼儿认知发展与教育[M].上海：复旦大学出版社，2011：83—84.

阶段才能够出现语词-逻辑记忆。因此,相比其他几种记忆,较晚发展的是个体的语词-逻辑记忆,它是在婴幼儿掌握语言的过程中逐渐发展起来的。

(2)根据记忆的时间长短,记忆可被分为瞬时记忆、短时记忆和长时记忆

瞬时记忆也叫感觉记忆,指当客观刺激停止作用后,感觉信息在一个极短的时间内保存下来,其保持时间为 0.25~2 秒。其记忆容量相当大,信息存储方式具有鲜明的形象性。它是记忆系统的开始阶段,如果这些感觉信息进一步受到注意,则进入短时记忆。

短时记忆是瞬时记忆和长时记忆的中间阶段,保持时间在 1 分钟以内,其容量较小,大约为 7±2 个组块。

长时记忆是指信息存储时间在 1 分钟以上的记忆。其特点是:时间跨度大,可长达数日、数年,甚至终生;容量没有限度;其信息大部分来源于对短时记忆的内容进行充分并有一定深度的加工,小部分是由于印象深刻而一次性获得的。与短时记忆相比,长时记忆的功能主要表现出备用性——不用时储存在长时记忆中的内容处于一种潜伏状态,需要用时才把它提取到短时记忆系统中。

图 1-1 人类记忆的模型

(3)根据记忆的意识程度,记忆可被分为内隐记忆和外显记忆

内隐记忆是指在不需要意识或有意回忆的情况下,个体的经验自动对当前任务产生影响而表现出来的记忆。它强调信息提取过程的无意识性。

外显记忆是指有意识提取信息的记忆,强调信息提取过程中的意识性,如学生背诵课文时努力回想原文内容。

(三)思维

1. 思维的含义

思维是人脑对客观现象概括的、间接的反映,它反映的是一类事物的本质以及事物之间规律性的联系。思维属于人的一种高级认识能力,是智能的核心。思维是和第二信号系统,即言语的发育分不开的,可以说婴儿时期的思维是比较低级的思维。这种思维可称为前言语的思维,主要是具体形象的思维,是和婴儿手的抓握和摆弄物体分不开的。1 岁以后,婴幼儿在言语发育的基础上才开始向抽象逻辑思维发展,但这时仍是以直觉行动为主,概括水平也是很低的。我们可以根据婴幼儿的这些特点,注意调动他们感觉器官的作用,不断丰富对环境的感性知识和经验,并启发积极的思维,培养他们用基本的语言进行抽象思维[①]。

① 鲍秀兰.新生儿行为和 0—3 岁教育[M].北京:中国少年儿童出版社,1995:235.

2. 思维的特点

思维有两个突出的特点：一是概括性。思维所反映的是一类事物的共性和事物之间的普遍联系。这与感知觉不同，感知觉反映的是具体事物个别特性和事物的外部联系。比如，幼儿拿着冰块，感到它是冰凉的，这是感知觉，而幼儿知道刚刚从冰箱里拿出来的东西都是冰凉的，这就是思维。二是间接性，思维是通过已有的知识经验来理解和认识一些没有被直接感知的事物及其关系的过程。思维离不开已有的知识经验，即必须在感知觉和记忆的基础上进行。比如，当孩子没有对东西轻重感的经验时，要求他去理解智力测验题"哪个轻？哪个重？"是不现实的。但是，感知觉只是反映直接作用于感官的事物的过程。记忆是知识经验的直接保存，而思维则是间接的反映。比如，孩子知道刚从冰箱里拿出来的柿子是冰凉的，不必用手去摸，这并不是他一定有过拿冰冻柿子的经验，而是有过类似的经历后通过思维得来的认识。儿童思维的发展表现在概括性水平越来越高，间接性的程度越来越深。当然，概括性和间接性这两种特性是相互联系的，当儿童能够概括事物的共同特性时，他才能进行间接性的认识①。

3. 思维的分类

思维可以从不同的角度进行分类②。

(1) 直观动作思维、形象思维和逻辑思维

这种分类主要是根据思维任务的性质、内容和解决问题的方法来进行的。

直观动作思维，又称实践思维，其思维任务具有直观的形式，解决问题的方式依赖于实际的动作。例如，自行车出了毛病，不能正常骑了，问题在哪里？人们必须通过检查自行车的相应部件，才能确定是车胎没气了还是轴承坏了，找出故障进行修理，排除故障。这种通过实际操作解决直观而具体问题的思维活动就是直观动作思维。3岁前婴幼儿的思维基本上属于直观动作思维。例如，婴幼儿将玩具拆开，又重新组合起来，当动作停止时，他们的思维也就停止了。成人有时也要运用表象和动作进行思维，但这种直观动作思维要比婴幼儿的直观动作思维水平高。

 案例与分析

直观动作思维

场景1：欢欢今年2岁。一天，妈妈让欢欢将桌子上的玩具汽车拿过来，他不是用语言应答，而是直接去把玩具拿了过来。

场景2：在玩"娃娃家"时，欢欢一定要妈妈把相应的家居玩具准备好后才能进行，不然无法进行游戏。

① 陈坪,李殿录,李敏.学前儿童心理学[M].哈尔滨：黑龙江教育出版社,2009：174.
② 彭聃龄.普通心理学(修订版)[M].北京：北京师范大学出版社,2001：244—245.

分析 由此可见,3岁前婴幼儿的思维基本上属于直观动作思维。例如,婴幼儿将玩具拆开,又重新组合起来,当动作停止时,他们的思维也就停止了。

形象思维,是指人们利用头脑中的具体形象(表象)来解决问题。例如,去城市的某个地方参观,我们事先会在头脑中想出可能到达的道路,经过分析与比较,最后选择一条短而方便的路。这样的思维就是形象思维。形象思维在问题解决中有重要的意义。艺术家、作家、导演、设计师等更多地运用形象思维。

逻辑思维,是指当人们面对理论性质的任务时,运用概念、理论知识来解决问题的思维活动。例如,学生学习各种科学知识,科学工作者进行某种推理、判断都要运用这种思维。它是人类思维的典型形式。

(2) 经验思维和理论思维

经验思维,是指人们凭借日常生活经验进行的思维活动。例如,婴幼儿根据他们的经验,认为"果实是可食的植物"、"鸟是会飞的动物",这些都属于经验思维。由于知识经验的不足,这种思维易产生片面性,甚至得出错误或曲解的结论。

理论思维,是根据科学的概念和论断,判断某一事物,解决某个问题。例如,我们说"心理是客观现实在人脑中的主观映象",就是理论思维的结果。这种思维活动往往能抓住事物的本质,使问题得到正确的解决。

(3) 直觉思维和分析思维

直觉思维,是人们在面临新的问题、新的事物和现象时,能迅速理解并做出判断的思维活动。这是一种直接的领悟性的思维活动。例如,警察在嘈杂的人群中能迅速辨别出罪犯,科学家对某些偶然出现的现象提出猜想或假说等。直觉思维具有快速性、跳跃性等特点。

分析思维,也就是逻辑思维,它是遵循严密的逻辑规律,逐步推导,最后得出合乎逻辑的正确答案或做出合理的结论的思维活动。

(4) 辐合思维和发散思维

辐合思维,是指人们根据已知的信息,利用熟悉的规则解决问题的思维活动,也就是从给予的信息中,产生符合逻辑的结论。它是一种有方向、有范围、有条理的思维方式。例如,甲>丙,甲<乙,乙>丙,乙<丁,其结果必然是丙<丁。

发散思维,是指人们沿着不同的方向思考,重新组织当前的信息和记忆系统中存储的信息,产生出大量、独特的新思想。例如,如何保护城市的生态环境? 在回答这样的问题时,人们可以从不同的方向思考,想出诸如增加植被、减少环境污染、教育市民爱护环境等措施。这种思维方式在解决问题时,可以产生多种答案、结论或假说。但究竟哪种答案最好,则需要经过检验。

(5) 常规思维与创造性思维

常规思维,是指人们运用已获得的知识经验,按现成的方案和程序直接解决问题的思维活动,如学生运用已学会的公式解决同一类型的问题。这种思维的创造性水平低,对原有的知识不需要进行明显的改组,也没有创造出新的思维成果,因而称之为常规思维或再造性思维。

创造性思维,是重新组织已有的知识经验,提出新的方案或程序,并创造出新的思维成果的思维活动。例如,新的大型工具软件的开发、新的科学理论的提出等都需要创造性思维。创造性思维是人类思维的高级形式。许多心理学家认为,创造性思维是多种思维的综合表现,它既是辐合思维与发散思维的结合,也是直觉思维与分析思维的结合,既包括理论思维,又离不开创造想象等。

思维的第二根支柱:社会生活[①]

在历史上,人们曾发现了不少与野兽一起成长的孩子,他们的思维能力都十分低下。1754年,法国哲学家康迪拉克曾记述过一个生活在熊群中的立陶宛男孩。这个男孩被人发现时,用四肢走路,没有任何理智行为的表现,不会说话,思维能力十分低下。经过很长一段时间后,他才学会听懂人的语言,但是他不能描述在动物群中生活过的任何事情。

1813年,法国空想社会主义者圣西门在《人类科学纲要》一书中,也记载了同时代的一个叫维克托的野人。他在野兽群中长大,一直到13岁时才被人发现。这时他智力低下,思维微弱。有个叫西卡尔的修道院院长抚养了他,希望由此证明人的神圣本质,结果无法唤醒已经窒息的思维。另一个叫伊塔尔的医生对他进行训练,他逐渐有了一些低级的思维能力,学会了很粗浅的阅读和书写。他活到40岁,但智力只达到6岁儿童的水平。

1920年,人们在印度加尔各答郊区的米德纳坡尔镇发现了两个狼孩,小的两岁,大的约7至8岁。她们被送到了米德纳坡尔孤儿院去抚养。在相当长的一段时间内,她们仍用四肢爬行,白昼蜷缩,晚上引颈长嚎,用舌头舔饮生水,像狼一样吃肉。她们竭尽全力试图逃出孤儿院,返回丛林。2年以后,大狼孩卡玛拉才勉强学会直立,6年以后,她才学会直立行走,但是还没有学会直立奔跑。在疾走时,她总是四肢并用。发现她的时候,她的思维能力很差,无法与人类社会的同龄人相比。以后在辛格博士的训练下,她有了一些进步,但直到4年之后才刚刚能听懂几句简单的话,学会6个单词。7年以后,卡玛拉学会了45个单词。15岁的时候,她学会了荡秋千。刚被发现的时候,她的思维能力相当于6个月的婴孩;15岁的时候,相当于2岁的婴孩;17岁那年,才相当于4岁小孩的水平。她终其一生,只学会了几十

---

① 郭亨杰.思维的拓展[M].南京:江苏科学技术出版社,2000:216—221.

个词,说几句简单的话。

迄今为止,在意大利、瑞典、比利时、德国、荷兰、法国、印度等国都已发现过由野兽哺养大的孩子,其中有狼孩,有豹孩,有熊孩,有猴孩,也有在黑猩猩、大猩猩群中长大的孩子。这些孩子无一例外地都缺乏正常的思维能力,缺乏语言能力,缺乏直立能力。这些儿童虽然生下来时有了人的大脑,但由于缺乏人类社会环境,缺乏人类的信息、知识的养料,他们的大脑没有能发展出思维的能力。正如 1813 年圣西门在《人类科学纲要》中所描述的:"有些孩子由于某种不幸事件而脱离了社会,并不得不依靠自己来满足自己的全部需要,而没有机会通过训练和教育去熟悉前人在劳动中取得并积累起来的知识……这种人在脱离野蛮状态以前,在掌握祖先积累的知识以前,其智力是很少超出动物的。"

与动物为友的兽孩缺乏思维能力,与人类社会隔离的孩子同样缺乏思维能力。1825 年,德国报道过一个叫卡斯帕·轩瑟的孩子,他从小生活在地窖里,不与人接触,从未见过人的脸,也从未与人讲过话。17 岁的时候,他从地窖中被释放,智力十分低下,思维能力只达到一岁半孩子的水平。我国明朝的朱棣夺取了侄子建文帝的皇位,把建文帝的儿子朱文圭从小关押,不让任何人与之接触。到 50 多岁时,朱文圭才被明英宗朱祁镇释放,结果此人成了白痴,史书上记载,他"出见牛马,也不能识"。

如果说以上例子都是出于人生道路上的某种不幸的话,那么下面的例子则是以科学实验的方法,探测与社会生活隔离对人的思维等心理活动将产生怎样的影响。这种实验叫作感觉剥夺实验。最早做这种实验的是加拿大麦吉尔大学的心理学家,时间是 1954 年。做这种实验既有揭示心理规律的目的,也可能有为航天、潜水等应用领域做心理学探索的目的。什么是感觉剥夺呢?简单地说,就是把人放在一个没有任何刺激的环境里,使他看不到、听不到、闻不到、摸不到任何刺激,然后看他的心理和行为有何变化。这类似于把人捆在紧身衣里,然后装进睡袋,放在漆黑的、寂静的洞穴深处,而实际操作则是在实验室内进行的。该实验对被试的要求是除吃饭、上厕所外,每天 24 小时尽可能长地躺在实验室内舒适的床上,但得戴上半透明的塑料眼罩,戴上纸板做的袖套和棉手套,头枕在用 U 形泡沫橡胶做的枕头上,同时用空调的单调嗡嗡声来限制听觉。被试是自愿来的大学生,他们每天可以得到 20 美元的报酬,在那个年代大学生每小时的收入是 50 美分,所以他们很乐意参加这个实验,何况他们还认为这种实验为他们提供了睡上一大觉或构思文稿的机会。但是,真正进入感觉剥夺的情境后,他们发现真实感受与原先想象的是两回事。后来,美国普林斯顿大学也做过这种实验,被试的感受与麦吉尔大学的被试相同,那就是:人很难长时间地经受感觉剥夺,有的人待了几小时就因烦躁、恐惧而"逃离"了,时间长的也只能坚持几天;人在感觉剥夺的实验情境中,知觉方式变得很奇特,对于时间不仅觉得很长,而且感到遥遥无期,很多人还产生了幻觉。感觉剥夺实验结束后的测验发现,被试无法集中注意,思维陷入混乱状态,要被试看图讲一个故事或进行推理,被试会感到相当困难。尽管实验造成的注意涣散、思维混乱等状况过些时间可以恢复到常态,但人若得不到社会生活刺激,真正成了闭目塞听的人,那他不仅会产生恐惧感,而且会无法顺畅地思维,这是感觉剥夺实验所证明了的。如果长期遭受人为的感觉剥夺,后果不堪设想。

由此可见,无论是对兽孩、隔离孩的研究,还是对成人被试的感觉剥夺实验的研究,它们都表明:没有社会生活的刺激,对思维的消极影响是巨大的,甚至是致命的。尤其是在思维发展的关键期,如果失去了社会生活的刺激,对思维的危害就更大。一个人如果由于某种原因被剥夺了社会生活刺激,那么他不仅会丧失思考问题的动力,而且会使思维内容十分贫乏。从这个意义上说,社会生活是思维的支柱。

(四)想象

1. 想象的含义

想象(imagination)是对头脑中已有的表象进行加工改造,形成新形象的过程。表象是指人们在头脑中出现的关于事物的形象,如想起母亲的笑脸、想起吉他的声音、想起舞蹈的动作等。想象是一种高级的认知活动,例如:人们在听广播、看小说时,在头脑中产生的各种情景和人物形象;影视人员根据生活体验,创造出当代改革者的形象。这些根据别人的介绍,或者根据自己已有的经验,在头脑中形成的新形象,都是想象活动的结果[①]。

2. 想象活动的基本特点

形象性和新颖性是想象活动的基本特点。想象是在感知的基础上,改造旧表象,创造新形象的心理过程。它主要处理图形信息,而不是词或者符号。想象不仅可以创造人们未曾知觉过的事物的形象,还可以创造现实中不存在的或不可能有的形象,如三头六臂、牛头马面、妖魔鬼怪等。尽管这一类形象离奇古怪,有时甚至荒诞无稽,但它们仍来自现实,来自对人脑中记忆表象的加工,如"西天古佛"像印度人,"玉皇大帝"像汉人……想象的形象在现实生活中都能找到原型,它同其他心理活动一样,都有其现实的依据。

想象与思维有着密切的联系,同属于高级的认识过程,它们都产生于问题的情景,由个体的需要所推动,并能预见未来。人们在面对问题情景、需要尚未得到满足时,常常在头脑中出现需要得到满足和问题得到解决的情景,这种情景是对现实的一种超前反映,是对未来的一种预见。想象的预见是以具体形象的形式出现的,而思维的超前反映是以概念的形式出现的。这就是说,当人们面对问题情景时,头脑中可能存在两种超前系统,一种是形象系统,另一种是概念系统,这两种系统是密切配合、协同活动的。在人的活动中,由于问题情景具有不同程度的确定性,两种系统所起的作用是不一样的。一般认为,若问

---

① 彭聃龄.普通心理学(修订版)[M].北京:北京师范大学出版社,2001:248—251.

题的原始材料是已知的,解决问题的方向是基本明确的,解决问题的进程将主要服从于思维规律。如果问题的情景具有很大的不确定性,由情景提供的信息不充分,解决问题的进程将主要依赖于想象。想象可以"跳过"某些思维阶段,构成事物的形象,在此基础上寻找解决问题的途径。例如,早在飞机发明之前,人们就想象能像鸟一样在天空自由地飞翔。

3. 想象的功能

想象具有预见的作用,它能预见活动的结果,指导人们活动进行的方向。同时,想象的形象性、新颖性也是人们创造活动中不可缺少的因素。科学家的发明、工程师的设计、作家的人物塑造、艺术家的艺术造型、工人的技术创新、学生的学习,所有这些活动都离不开人的想象。所以,爱因斯坦曾说"想象力比知识更重要"。

想象具有补充知识经验的作用。在实际生活中,有许多事物是人们不可能直接感知的,如宇宙间绝大多数的星球,原始人类生活的情景,古典小说中人物的形象,这些空间遥远或时间久远的事物,人们是无法直接感知的。但是通过想象可以补充这种知识经验的不足。例如,《红楼梦》中王熙凤的形象是无法直接感知的,但当人们读到"一双丹凤三角眼,两弯柳叶吊梢眉,粉面含春微不露,丹唇未启笑先闻"的人物描写时,人们通过已有的"丹凤"、"三角眼"、"柳叶"、"粉面"、"丹唇"等表象的作用,就能在头脑中想象出王熙凤的形象。

想象还有代替作用。当人们的某些需要不能在实际中得到满足时,可以利用想象的方式得到满足或实现。例如,幼儿想当汽车司机,但由于他们的能力所限而不能实现,于是他们就在游戏中把排列起来的小板凳想象成小汽车,手握方向盘开起了小汽车。人们在精神失常时,有时也从想象中得到寄托和满足。

想象对机体的生理活动过程也有调节作用,它能改变人体部分的机能活动过程。近年来,人们对生物反馈的研究也证明了想象对人的机体有调节控制作用。例如,多年以前,有人对一位具有鲜明想象与表象的人进行了研究,结果发现,只要这个人说他想象出什么事物,就可以观察到他的机体发生的奇异变化。比如,当他说"看见右手放在炉边,左手在握冰"时,就可以观察到他的右手温度升高 2 度,左手温度降低 1.5 度;当他说"看见自己跟在电车后奔跑"时,就可以看到他的心跳加快,而在他说"看见自己安静地躺在床上"时,心跳就减慢。

4. 想象的综合过程

想象是从旧的形象中分析出必要的元素,按照新的构思重新结合、创造出新的形象。想象的过程是对形象的分析综合过程,它的综合有以下几种独特的形式。

(1) 黏合

黏合是把客观事物中从未结合过的属性、特征、部分在头脑中结合在一起而形成新的形象。通过这种综合活动,人们创造了许多童话、神话中的形象,如美人鱼、猪八戒、飞马等。这种创造都是将客观事物的某些特征分析出来,然后按照人们的要求,将这些特点重新配置并综合起来,构成了人们所渴求的形象,以满足人们的某种需要。黏合的形象在内容上,受到一定的社会文化、民族风俗习惯的影响。此外,在科学技术的创造发明中也有运用这种综合方式的,如水陆两用坦克,就是坦克与船的某些特征的结合。

（2）夸张

夸张又称为强调,这是通过改变客观事物的正常特点,或者突出某些特点,略去另一些特点,进而在头脑中形成新的形象。例如,人们创造的千手佛、九头鸟、大人国、小人国等形象,都是采取这种方式进行的综合。

（3）典型化

典型化是根据一类事物的共同特征创造新形象的过程。它是文学、艺术创作的重要方式。例如,装饰图案画中的花瓣、树叶等形象,就是来自各种植物的共同特征。小说中的人物形象的创造,也是作家综合某些人物的特点之后创造出来的。例如,鲁迅在谈创作经验时曾指出:人物模特儿没有专门用过一个人,往往嘴在浙江,脸在北京,衣服在山西,是一个拼凑起来的角色。

（4）联想

由一个事物想到另一个事物,也可以创造新的形象。想象联想不同于记忆联想。它的活动方向服从于创作时占优势的情绪、思想和意图。例如,一位诗人在某种情绪状态下,看到"修理钟表"几个字,便会联想到"修理时间",进而想出这样的字句"请替我修理一下年代吧,它已不能按时间度过"。这是一种异乎寻常的联想,它打破了日常联想的习惯,因而引发了新的形象。

5. 想象的种类

按照想象活动是否具有目的性,可以将想象分为无意想象和有意想象。

（1）无意想象

无意想象是一种没有预定目的、不自觉地产生的想象。它是当人们的意识减弱时,在某种刺激的作用下,不由自主地想象某种事物的过程。例如,人们将天上的浮云想象成各种动物的形象,人们在睡眠时做的梦,精神病患者在头脑中产生的幻觉,由药物（如吸食大麻、迷幻药等）导致的幻觉,都是无意想象。

> **都叫"爸爸"**
>
> 今天,妈妈带1岁多的欣欣外出散步,欣欣时不时地转动着小脑袋,好奇地观察着周围的一切,当她的小眼睛一看到高大的穿着西装的"叔叔"时,都会喊"爸爸"。有一个叔叔被逗乐了,说:"个个都是爸爸!"欣欣的妈妈只能尴尬地致歉。
>
> **分析** 0—3岁的婴幼儿以无意想象为主。当欣欣看到穿着西装的"叔叔"时,即在熟悉衣服的刺激下,她会联想到爸爸平时的穿着。这是自由联想,无须意志的努力,属于无意想象的范畴。

(2) 有意想象

有意想象是按一定目的、自觉进行的想象。例如,科学家提出的各种想象模型,文学艺术家在头脑中构思的人物形象,都是有意想象的结果。在有意想象中,根据想象内容的新颖程度和形成方式的不同,又可分为再造想象、创造想象、幻想、理想和空想等。

① 再造想象。再造想象是根据言语的描述或图样的示意,在人脑中形成相应的新形象的过程。例如 建筑工人根据建筑蓝图想象出建筑物的形象;没有领略过北方冬日的人们,通过诵读《沁园春·雪》,可在头脑中形成北国风光的情景,即寒冰封山、大雪纷飞、登山望远,雪中群山好似一条银蛇在翩翩起舞,丘陵好似银白色的象在奔跑,使人们有一种身临其境的感受。依据别人的描述进行的再造想象有一定程度的创造性,但其创造性的水平较低。再造想象的形成要有充分的记忆表象作基础,表象越丰富,再造想象的内容也就越丰富。同时,再造想象离不开词语思维的组织作用。它实际上是在词语指导下进行的形象思维的过程。基于这些特点,为培养和发展再造想象的能力,首先要扩大人们头脑中记忆表象的数量,充分贮备有关的表象。同时,还要掌握好语言和各种标记的意义,只有这样,才能从语言描述和符号标记中激发想象。

② 创造想象。创造想象是在创造活动中,根据一定的目的、任务,在人脑中独立地创造出新形象的过程。在新作品创作、新产品创造时,人脑中构成的新形象都属于创造想象。例如,鲁迅创作的"阿Q"形象,毛泽东创作的诗词《沁园春·雪》,都是创造想象的产物。创造想象具有首创性、独立性和新颖性等特点。它们源于生活,但又高于生活。例如,工程师发明的新机器,虽然综合了许多机器的特点,但它又具有前所未有的新性能、新造型。创造想象比再造想象更复杂、更困难,它需要对已有的感性材料进行深入的分析、综合、加工、改造.在头脑中进行创造性的构思。

③ 幻想。幻想是指向未来,并与个人愿望相联系的想象。它是创造想象的特殊形式,如各种神话、童话中的形象都属于幻想。幻想不立即体现在人们的实际活动中,而带有向往的性质,幻想的形象是人们希望寄托的东西。

④ 理想和空想。当人们依据事物发展的客观规律来想象未来时,这种想象叫理想。理想指向于未来,与人的愿望相联系,这和幻想相同。但幻想不一定以客观规律作依据,因而不一定具有实现的可能。而理想体现了事物的发展规律,因此具有实现的可能性。空想是一种不以客观规律为依据,甚至违背事物发展的客观进程的想象,一般是没有实现的可能的。

(五) 注意

1. 注意的含义和特点

注意(attention)是心理活动或意识对一定对象的指向与集中[①]。注意有两个特点:指向性与集中性。

---

① 彭聃龄.普通心理学(修订版)[M].北京:北京师范大学出版社,2001:182—188.

注意的指向性是指人在每一瞬间,他的心理活动或意识选择了某个对象,而忽略了另一些对象。例如,婴幼儿在集中注意看小画书时,往往听不见爸爸妈妈说的话。因此,注意的指向性是指心理活动或意识在哪个方向上进行活动,指向性不同,人们从外界接收的信息也不同。例如,大人和小孩一起看电影,由于心理活动的指向性不同,所看到的东西也就不同。大人关注的往往是故事的曲折情节和主人公谈话的内容,小孩则常常注意背景中那棵树上的小松鼠。形象地说,注意的指向性就好比黑夜中探照灯的光束,它指向哪个事物,哪个事物就变得清晰、鲜明,容易被人察觉;而落在它之外的事物,则变得模糊、暗淡,不易被发觉。可见,注意的指向性能使人有选择地反映某些事物,从而获得关于这些事物的清晰印象。

当心理活动或意识指向某个对象的时候,会在这个对象上集中起来,即全神贯注起来,这就是注意的集中性。例如,医生在做复杂的外科手术时,他的注意高度集中在病人的病患部位和自己的手术动作上,与手术无关的其他人和物,便排除在他的意识中心之外。如果说,注意的指向性是心理活动或意识朝向哪个对象,那么,集中性就是心理活动或意识在一定方向上活动的强度或紧张度。心理活动或意识的强度越大,紧张度越高,注意也就越集中。

人在高度集中自己的注意时,注意指向的范围就缩小。这时候,他对自己周围的一切就可能"视而不见,听而不闻"了。从这个意义上说,注意的指向性和集中性是密不可分的。

2. 注意的分类

我们对事物的注意,有时是自然而然发生的,不需要任何意志的努力;有时是有目的的,需要付出意志的努力来维持。这样,我们可以将注意分成不随意注意、随意注意和随意后注意三种。在培育婴幼儿的过程中,了解注意的种类及其产生的条件,具有重要的意义。

(1) 不随意注意

不随意注意是指事先没有目的也不需要意志努力的注意。例如,我们正在教室内聚精会神地听讲,突然从教室外闯进来一个人,这时大家不约而同地把视线朝向他,并且不由自主地引起了对他的注意。在这种情况下,我们对要注意的东西没有任何准备,也没有明确的认识任务。注意的引起与维持不是依靠意志的努力,而是取决于刺激物本身的性质。在这个意义上,不随意注意是一种消极被动的注意。在这种注意活动中,人的积极性的水平较低。

引起不随意注意的原因有以下两点:

① 刺激物自身的特点。刺激物自身的特点包括刺激物的新异性、强度、运动变化等。所谓新异性是指刺激物的异乎寻常的特性。例如,自幼生活在海南省或广东省的人,没有亲眼见过冬天从天空飘落的雪花,当他们到北方旅游,第一次见到漫天飞舞的大雪时,自然容易引起他们的不随意注意。环境中出现的强烈刺激也容易引起不随意注意,如一声

巨响、一道强光、一种浓烈的气味、一下猛烈的碰撞,都会不由自主地引起我们的注意。对不随意注意来说,起决定作用的往往不是刺激的绝对强度,而是刺激的相对强度,即刺激物强度与周围物体强度的对比。在夜深人静时,室内时钟的滴答声、冰箱马达的嗡嗡声、邻居在房内的踱步声,都能引起我们的注意。而在白天周围环境噪声的掩盖下,这些微弱的声音就不为人们所注意。另外,运动的物体比静止的物体更容易引起人们的不随意注意。

② 人本身的状态。不随意注意不仅由外界刺激物被动地引起,而且和人自身的状态、需要、情感、兴趣、期待、过去经验等有着密切的关系。在相同的外界刺激的影响下,由于人自身的状态不同,不随意注意的情况也不同。需要既是人们主动探索环境的内部原因,也是引起不随意注意的重要条件。凡是符合人的需要的事物,都容易吸引人们的注意。例如,建筑师由于职业的需要,当他们在外地旅游的时候,那里的各式各样的建筑物都会自然而然地吸引他们。兴趣是人的认识性需要,它对不随意注意的发生也有重要的影响。期待也是引起不随意注意的重要条件,如我们听过一次学术讲座后,因期待着下一次讲座,故很容易对下一次讲座的通知产生注意。又如,旧小说的作者或说书人遇到紧张的情节时,忽然故意停住,并照例添上一句结束语"欲知后事如何,且听下回分解",目的就是要使人们产生对新的章回的期待,以便吸引人们的注意。以上这些因素,也可以称为刺激物的意义性,即刺激物的客观特性对主体生活的意义。用双耳分听技术进行的实验表明,如果在不要求被试注意的那一侧耳朵中,播放被试的姓名,或有关被试的某些消息,那么被试可以感知到并能正确报告出来,这是因为这些信息对被试具有重要的意义。在人声嘈杂的公共场合,当有人悄悄议论到你的名字时,会使你不由自主地注意到他,这也是由刺激物的意义性引起的。正是由于意义性的作用,某些在物理强度上异常微弱的刺激,也能引起人们的不随意注意。

不随意注意既可帮助人们对新异事物进行定向,使人们获得对事物的清晰认识,也会使人们从当前进行的活动中被动地离开,干扰他们正在进行的活动,因而具有积极和消极两方面的作用。

(2) 随意注意

随意注意是指有预定目的、需要一定意志努力的注意。当我们阅读一篇教育论文的时候,由于认识到学习这篇文章的意义,我们便自觉、自动地将心理过程集中指向这篇文章的内容,积极选择文章提供的各种信息。当学习中遇到困难或环境中出现种种干扰学习的因素时,我们通过意志的努力,使注意力坚持在要学习的东西上,这种注意便是随意注意。它是注意的一种积极、主动的形式。如果说动物也有不随意注意的话,那么只有人才有随意注意。因此,在种系发展上,随意注意出现得较晚。

引起随意注意的原因主要有以下几点:

① 对注意目的与任务的依从性。随意注意是一种有预定目的的注意。目的越明

确、越具体，越易于引起和维持随意注意。例如，有经验的教师常常要求学生上课前进行预习，事先了解这节课要讲的内容，知道哪些地方自己没有看懂，这样做就是为了引起学生的随意注意。学生有了比较明确而具体的听课目的，就能更有效地从课堂上选择信息。

② 对兴趣的依从性。有趣的事物容易引起随意注意。在随意注意的产生中，间接兴趣有重要作用。例如，成年人学外语困难很多，背单词、背课文常常使人感到枯燥乏味，但是不少人认识到掌握外语的重要意义，仍然刻苦攻读。这种对活动结果的兴趣，即间接兴趣，能够维持人们稳定而集中的注意。

③ 对活动组织的依从性。能否正确地组织活动，也关系到随意注意的引起和维持。有些人养成了良好的工作习惯和生活习惯，起居饮食很有规律，这样，在规定的工作时间内，他能全神贯注地工作。相反，一个没有良好生活习惯的人，整天处于忙乱状态，在必要时就难以组织自己的随意注意。把智力活动与某些外部活动结合起来，也有利于注意的维持。例如，在阅读较难的作品时，适当做点笔记，可以帮助人们长久地把注意集中在这类读物上。

④ 对过去经验的依从性。知识经验对随意注意也有重要的影响。一方面，人们对自己异常熟悉的事物或活动，可以自动地进行加工和操作，无须特别集中的注意。另一方面，人们想要在活动中维持自己的注意，又和他们的知识经验有一定关系。以听报告为例，如果报告的内容和自己已有的知识经验有联系，你能理解它、接受它，那么维持注意就较容易。相反，如果报告的内容对你太陌生，像听"天书"一样根本不知所云，要维持集中的注意就很困难了。

⑤ 对人格的依从性。一个具有顽强、坚毅性格特点的人，易于使自己的注意服从于当前的目的与任务；相反，意志薄弱、害怕困难的人，不可能有良好的随意注意。

（3）随意后注意

随意后注意是注意的一种特殊形式。从特征上讲，它同时具有不随意注意和随意注意的某些特征。比方说，它和自觉的目的、任务联系在一起，这类似于随意注意，但它不需要意志的努力，这又类似于不随意注意。从发生上讲，随意后注意是在随意注意的基础上发展起来的。

随意后注意既服从于当前的活动目的与任务，又能节省意志的努力，因而对完成长期、持续的任务特别有利。培养随意后注意的关键在于发展对活动本身的直接兴趣。当我们培养婴幼儿完成各种较复杂的智力活动或动作技能的时候，要设法增进他们对这种活动的了解，让他们逐渐喜爱它，并且自然而然地沉浸在这种活动中，这样才能使活动取得更大的成效。

（六）元认知

元认知是个体对自己的心理过程、心理状态、目标任务、认知策略等多方面因素的认知，它是以认知过程和认知结果为对象，以对自身认知活动的监控和调节为外在表现的认知活动过程。[①]

元认知不仅包括个体对认知的认知,而且包括个体怎样支配自己的认知,它由元认知知识、元认知体验和元认知监控组成。元认知知识指个体关于自己或他人的认知活动过程、结果、影响因素等方面的知识;元认知体验指伴随着认知活动而产生的认知体验和情感体验;元认知监控指个体在从事认知活动的过程中,对自己的认知活动进行各级监控和调节,以迅速达到预定目标。[②]

关于元认知模式的问题,学者的意见并不统一。现将几种有影响的模式作一简单介绍。

1. 劳森(Lawson)的元认知模式

劳森根据信息加工理论的观点,认为"元认知"能力是个体在处理信息的过程中逐渐形成的(如图1-2所示)。信息加工理论在探讨"元认知"的问题时,较重视认知活动的心理历程和步骤、认知活动的性质和特色,以及认知活动的实际表现,亦即视"元认知"为整个认知过程的一部分。

图1-2 劳森的元认知模式

2. 弗拉维尔的元认知模式

弗拉维尔提出的元认知模式如图1-3所示。

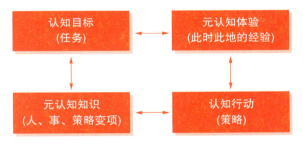

图1-3 弗拉维尔的元认知模式

认知目标(任务)会影响认知行动,学习者通常会因认知目标的不同而调整其认知策略。以阅读为例,消遣与应付考试所表现的阅读行为,其所采用的认知策略将有所不同。认知行动(策略)是为达成认知目标所采取的行动,亦受元认知知识及元认知体验的影响与支配。

3. 布朗(Brown)的元认知模式

布朗将元认知划分为两个组成部分(如图1-4所示),即认知的知识和认知的调整。

① 梁宁建.当代认知心理学[M].上海:上海教育出版社,2003:308.
② 冯江平,安莉娟,等.青年心理学导论[M].北京:高等教育出版社,2004:121.

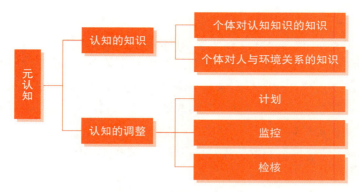

图1-4　布朗的元认知模式

（1）认知的知识

认知的知识是指个体对认知知识的了解，知道自己认知的状况，以及对自己所处环境互动关系的察觉，了解行动的可行性、限制、优缺点等。

（2）认知的调整

认知的调整是指认知过程的"执行监控"部分，包括个体对认知过程的计划、监控及检核的能力。计划是对认知结果的预测、认知策略的安排等；监控是对认知活动的监视、订正或重新安排；检核是对认知活动的评估，以有效达成认知任务。

4. 帕里斯（Paris）的元认知模式

帕里斯认为，元认知包括两大类的心理活动：一是认知的自我评估知识；二是思考的自我监控。前者又可分为陈述性知识（declarative knowledge）、程序性知识（procedural knowledge）和条件性知识（conditional knowledge）三类；后者则包含评价、计划和调整的能力（如图1-5所示）。

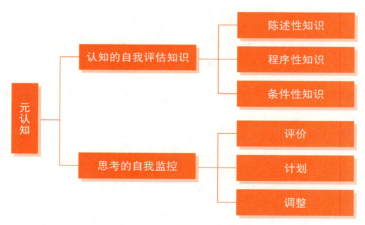

图1-5　帕里斯的元认知模式

（1）认知的自我评估知识

① 陈述性知识。陈述性知识是指个体能叙述实际情形的知识，系一种"知其所然"的

知识。它包括对自己学习能力、工作性质、工作目标等的了解和信念。例如,欢欢知道自己阅读的速度很央。

② 程序性知识。程序性知识指的是个体对思考历程的觉知,系一种"行其所宜"的知识。它包括执行不同的指令。例如,张三在阅读时,知道如何浏览、如何扫描、如何摘要、如何使用上下文关系等。

③ 条件性知识。条件性知识是个体对影响学习的各种条件的觉知,知道什么时候及为什么要采取不同的行动,系一种"知所行宜"的知识。例如,张三在看杂志时,可采用浏览的方式,因为看杂志是一项休闲活动。

(2) 思考的自我监控

① 评价。评价是个体对自己或他人的认知能力与作业性质的评估。例如,你了解文章的中心思想和段落大意吗?

② 计划。计划是个体针对认知目标选择与安排适当的策略,以顺利完成任务。例如,李四根据工作的目标来确定其阅读的速度。

③ 调整。调整是个体在进行认知活动时,不断地监控其认知的历程,以引导认知的方向,从而达到学习目标的要求。

5. 博尔科夫斯基(Borkowski)的元认知模式

博尔科夫斯基等人近年来亦提出一个新的元认知模式(如图 1－6 所示),特别强调归因信念与执行控制的重要性。其内涵有:归因信念、成就动机、自尊自重,一般策略知识,特定策略知识,策略运用、执行控制和相关策略知识。现将该模式说明如下:

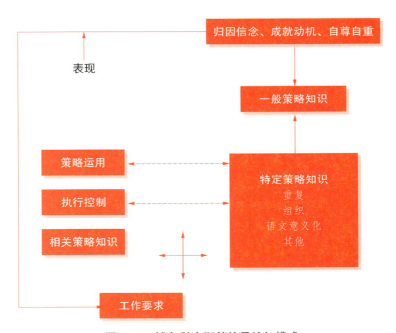

图 1－6 博尔科夫斯基的元认知模式

（1）特定策略知识

特定策略知识是指与某一策略相连的知识。例如，复诵策略的陈述性知识便是一种特定策略知识。

（2）相关策略知识

相关策略知识是指多个策略之间的共同性。例如，单一项目的重复背诵、累积背诵等策略均具有复诵的共同性，而心象意义化、语文意义化、关键词等策略均具有意义化的共同性。

（3）执行控制

执行控制指的是对整个认知活动流程的控制，其中以策略的选择、认知的监控最为重要。

（4）一般策略知识

一般策略知识指的是与所有策略有关的一组普遍的原则，包括：个体了解到策略的使用需要投下的心力，策略应用得当可以帮助学习等知识。

（5）归因信念、成就动机、自尊自重

归因信念指的是学习者对学习成功与失败的解释，成就动机与自己所设定的抱负水准有关，这些会影响学习者是否愿意接受外在环境所赋予的工作要求。自尊自重是个体对其社会角色进行自我评价的结果，也反映出自我价值感，是对自己综合价值的肯定。

（6）策略运用

策略运用指的是运用特定策略知识与一般策略知识以执行工作。[1]

（七）社会认知

1. 社会认知的含义

社会认知是个人对他人的心理状态、行为动机和意向做出推测与判断的过程。

社会认知的过程，是依据认知者的过去经验及对有关线索的分析而进行的。社会认知还必须依赖认知者的思维活动，包括某种程度上的信息加工、推理、分类与归纳。例如，个人对于他人在许多场合下的行为作了相同的推断以后，就有可能把一些相对稳定的印象归结到该人的身上，推测他以后在相似的情境中将会产生过去那样的行为方式。如，田田在许多次打针的时候都哭过，那么就可推断他在一定的情境中也会有哭的行为。人们就是通过社会认知来推断他人的行为的。

人们对他人的行为进行推测与判断时，往往根据自身的经验与体会来认识他人当时潜在的心理状态，即所谓以己度人。因此，这种推测与判断往往会发生偏差，特别是在复

---

① 蒯超英.学习策略［M］.武汉：湖北教育出版社,1999：36—40.

杂的情况下,判断他人的情绪状态与行为动机更易发生错误。

2. 社会认知的特征

由于每个人在社会生活中形成了自己所固有的认识结构,因此,即使是同样的社会刺激,也必然会使其社会认知表现出种种特点。

(1) 认知的选择性

人们之所以对于社会刺激的态度不同(可能认知也可能不予认知),这与社会刺激物本身的强度有关系。所谓强度,主要不是社会客体本身的物理强度,而是其本身的社会意义的性质及其价值大小。也就是说,它对人们带来的是奖励还是惩罚,是有益的还是无益的,各人都以已有的认知结构为基础,从自己已有的生活经验出发,对当前的社会刺激做出种种估计与猜测。如果估计该社会刺激将给自己带来奖励,有益于自己,就会选择它作为认知对象。例如,人们从报刊介绍中知道某部影片的思想性与艺术性均佳,于是设法争取观看。如果估计该社会刺激将给自己带来惩罚,或对自己不利,则往往会采取置之不理的态度或采取逃避行为,不以该社会刺激为认知对象。例如,有的孩子在看到老师来家访时,会根据个人以往经验,推断老师是来向家长"告状"的,于是就逃之夭夭。可见,人们是根据社会刺激物的社会意义的性质及其价值大小而有选择地进行社会认知的。

(2) 认知反应的显著性

这主要是指在一定的社会刺激下个人心理状态(情感、动机)所发生的某些变化,这种变化将随着个人对社会刺激的意义所理解的程度而转移。人们的认知总是伴随着一定的情绪体验的,当理解该社会刺激对个人有很大利害关系时,认知反应是十分显著的,亦即其情感及动机等心理状态反应强烈。例如,当一个学生拿到高考录取通知单,得知考入符合自己心愿的大学时,心情十分激动,情感及动机反应强烈;当另一个学生左盼右盼拿到了通知单,得知自己被一所本人不愿去的学校录取时,心情同样也很激动,但方向相反,一种失望的情绪十分强烈。

如果认知为该社会刺激与己无关或关系不大,则心情很少变化,或无动于衷。例如,刚吃过午餐的人看到食物并不会非常高兴,情绪并无波动,因为他已无进食需要,食物与他无关;如果一个十分饥饿的人在面对食物时,他肯定十分高兴,心情激动。

(3) 认知行为的自我控制

这是自我意识发挥作用的结果,使个人的认知体验不被他人所觉察,从而使个体与外界环境保持平衡。心理学家麦金尼斯做过一个实验:用 11 个性质不一的词汇(其中有 7 个是引起不愉快情绪或社会禁忌的词汇)作为社会刺激物,把这些词汇出示给被试,让他们进行认知活动,实验者通过皮肤电反射来测定被试的情绪状态。由于被试对这些不同性质词汇认知时,会产生不同的情绪状态,被试的皮肤电反射就能够十分敏感地将其情绪状态反映出来。实验者还要求被试当认知到这些词汇时,就立即向实验者报告,实验者要观察被试的皮肤电反射与口头报告两者是否一致。实验结果表明,当出现社会禁忌的词汇时,这两者是不一致的,被试很快发生皮肤电反射,而其口头报告很慢;但当出现其他中性词汇时,没有发生两者不一致的情况。

上述实验表明,凡是能激发个人产生焦虑的社会刺激,或者将要给个人带来不愉快的刺激,在其生理反应、情绪反应上是非常敏感的,但认知态度是不积极的,而是把这些刺激压抑下来,从而减少焦虑,适应社会。

认知行为的自我控制这一特点,在人们社会生活中经常发生。例如,一个身材瘦弱的人遇到一个身材高大的歹徒,虽然他内心十分害怕,但竭力使自己在表情上不表现出来,因为他知道自己越是表现得害怕,对自己越是不利。这实质上就是自我意识对其认知活动发生了调节作用。又如,我们(认知者)去看望一个重病人,看到他面容憔悴、病势不轻,心里十分难受,但在表面上会对病人说"你比前几天精神多了",以此安慰病人,实际上却掩盖了认知者的真实感受。

3. 社会认知的范围

社会认知的范围很广,包括对他人表情的认知、对他人性格的认知、对人与人关系的认知等。

(1) 对他人表情的认知

人是富有表情的社会人,人的表情是反映其身心状态的一种客观指标。例如,"喜气洋洋"、"气势汹汹"、"愁眉苦脸"、"眉开眼笑"等,反映出人们喜、怒、哀、乐的心理状态。在社会生活中,人们往往根据他人的面部表情来判断其心理,判断的正确程度是取决于判断者对他人表情的认知与解释。可以说,人们的表情是一种相当重要的社会刺激,尤其是面部表情更重要。此外,动作、姿态、说话的语调等,也是判断情感的客观依据,因为动作、姿态、说话的语调等也是属于人们的表情范围之内的种种形式。

人的表情有后天习得的成分。富克选择了一批5—20岁的先天性盲人和视觉正常人,进行了面部表情的后天习得性的研究。他让实验对象努力做出各种表情,结果发现,随着年龄的增长,两组被试的表情存在着很有趣的变化。最年幼的盲童和视觉正常儿童,无论是在面部表情动作的数量上,还是在表达表情的适当性上,都没有明显的差异。但是,视觉正常儿童在表情动作的数量上和表达表情的逼真性方面都随着年龄的增长而有进步,而盲童却恰恰相反。因为视觉正常的儿童通过模仿他人,在日常生活中学会了各种表情的细微差别;而盲童则无法学习,虽然他们也想表达自己的感情,但只会茫然地露出一种下意识的表情——盲相。

按照表达情绪的身体部位来区分,表情可划分为三种类型:面部的情绪表达称为面部表情,身体各部分姿态的情绪表达称为身段表情,言语中声调、快慢、音色随情绪的变化称为言语表情。

① 面部表情的判别。关于他人特定表情的研究,这在 F. 奥尔波特所著的《社会心理

图 1-7 人的表情与面部各有关肌肉群

学》中就有专章介绍。他专门研究人们各种表情与各有关肌肉活动的关系,研究哪一种表情发生时,受哪部分肌肉活动的控制,该肌肉是如何发生活动的。人有许多面部肌肉,各司其职,人们发怒时与高兴时都是由其面部各有关肌肉群的活动所控制的,这方面的研究对今天大多数人来说关系不大,我们不必去作进一步研究,但对戏剧家来说,可能有很大的研究价值。关于面部表情中眼部肌肉与口部肌肉两者比较,何者更重要的问题,邓拉波用照片加以不同的组合进行实验比较。结果表明,口部肌肉活动所支配的表情比眼部肌肉活动所支配的表情要重要得多。我国社会心理学家林传鼎教授经过研究指出,"有些表情如喜悦、怨恨等,口部肌肉比眼部肌肉更重要,而较多的表情如忧愁、愤怒、惊骇等,则眼部肌肉比口部肌肉更重要"。美国心理学家伍德沃斯要求被试根据照片来判断其情绪状态,判断情绪项目分为六类:爱情、喜欢,快乐,惊奇,恐惧、困苦,愤怒、坚决,厌恶、歧视。伍德沃斯指出,被试根据照片判断其情绪状态,在以上六个方面较少发生错误。另一实验表明,对于面部表情判断的能力受到暗示和训练的影响极大。事实上,我们对于他人面部表情的判断总要受到各种附加信息的影响。年龄的增长也是影响对表情判断的因素。儿童最难判断蔑视,而这对成年人却并不费力。儿童对不同表情可以准确判断达50%的年龄段情况如下:

表1-1　对表情准确判断达50%的年龄段

表　　情	年　龄　段
笑　　容	3岁以下
痛　　苦	5—6岁
愤　　怒	7岁
恐　　惧	9—10岁
惊　　讶	11岁
蔑　　视	14岁以上

② 身段表情的判别。双手的表情在身段表情中占有很重要的地位,观察者判断双手所表示的表情的正确率能够达到和面部表情一样的水平。在实际生活中,我们即使看不清他人的面孔,但只要能看到他的身体动作就能了解到他的情绪状态。所有的舞蹈语汇,严格说来都是身段表情动作。实验表明,给被试看人体的整幅照片,则更有利于其准确地判断照片中人物的情绪状态。

③ 言语表情的判别。言语表情的重要性并不低于面部表情和身段表情。实验同样证实,让被试判断以各种情绪的腔调来念英文字母的录音时,其判断的准确性几乎和辨别面部表情时一样高。歌唱家、演说家主要是靠他们的声音来打动听众的。现实生活中,我们往往通过人们发出的声音来判断其情绪。

现代社会心理学认为,上述研究过于粗糙。因为判断一个人的情绪状态,不能静态地单纯观察,必须在一定的被激发起情绪的背景下才有可能正确判断,如仅仅观察其面部表情进行判断,有一定的局限性。在现实生活中,在社交场合下,他人的面部表情只能作为判断其情绪状态的一条线索,不能作为唯一的依据。

根据面部表情来识别和判断其基本情绪状态,依存于三个条件:其判断能力随年龄的增长而增长;其判断能力与本人的社会经验的积累有关;其判断能力受社会文化因素的影响。美国社会心理学家尔沙德对美国学生进行了表情命名、表情分类的实验。结果表明,在一个特定的文化环境里,存在着各种基本情绪的图像指标和言语指标,各个民族团体能够高度成功地把面部表情和言语概念配合成对,表情和言语配合得比较确切。例如,愤怒的面部表情和愤怒的言语表达是一致的,同一个社会文化背景下的人们都能够这样配合起来。

一般讲,一个人的表情能反映他内在的思想感情,尤其是面部表情。但是在某些场合下,人的表情可以由其思想意识所控制,所以不但演员习惯于表达不同角色的表情,而且青少年的表情也不一定能真实地反映其内心的思想情感。因此,要正确认识他人的情感,主要依赖于认知者的生活经验。例如,生活中有形形色色不同人格特征的人,有人内心的喜、怒、哀、乐可以从他面部表情中直接反映出来,有人喜气洋洋的表情可能是掩盖着他心底的悲哀。这只有依靠在社会生活中所积累的生活经验,根据其一贯的表现,才能由表及里、去伪存真地作出正确判断。当然,如果系统地观察一个人的面部表情,可能会获得可靠的信息。在认识他人的情绪时,对于与认知者关系亲密的对象,单凭面部表情即可对其情绪状态进行判断,且比较正确;在复杂的社会背景下,对于关系疏远的对象则难以正确判断。

然而,在实际生活中,人们总是根据对方的表情加以推测其心理状态,并做出自己相应的表情。例如,在马路上遇到熟人,对方向你微笑时,则自己也报之以微笑;对方如果表示无动于衷、熟视无睹,自己也难以表现出热情的态度;在托幼园所里,当孩子看到教师的表情严肃时就会备加认真;在工作单位中,上级领导对下属工作人员热情招呼时,工作人员则倍感亲切。许多团体的负责人和教师,往往根据团体成员的表情来推测其心理状态,并及时做好思想工作。

(2) 对他人性格的认知

最早的研究方法也是提供照片给被试进行性格的判断。尔沙德等人的实验表明,将照片上表现出积极情绪的面部表情与消极情绪的面部表情相比,有许多被试评价前者为具有令人喜欢的性格特点(如友好的、有吸引力的、聪明的)。

许多实验也已证明,一个人的面貌俏丽或丑陋和他本身内在的优缺点并无必然的联系,并指出:根据人的照片来判断其智慧和品性是靠不住的;根据人的照片来判断其人是否犯罪以及犯罪程度,并决定判刑多少,会发生很大偏差。其中有一个实验是这样的,让被试看三组"犯罪者"的资料。实验者事先假设这三组"犯罪者"所犯罪行的程度相等,但两组资料均附有"犯罪者"照片,一组照片上"犯罪者"眉清目秀,另一组照片上"犯罪者"面目可憎,还有一组不附照片。然后请被试充任法官,给予判刑,结果发现,被试对第一组多判为"无罪",对第二组多判为"有罪",对第三组则介于两者中间。由此可见,虽说"人不可貌相",但人们往往会凭对方的相貌来推测其人格,从而发生认知偏差。后来的研究还结合了其他方法,给被试以更多的信息。例如,实验者向被试介绍了该人的行为特点、行为习惯,并进行面对面的实地观察,听其讲话快慢强弱的声音,观察其写字的笔迹等,企图通过上述多种途径让被试认知对方的性格。

其实,关于对他人性格认知的研究是很不容易的,其中最重要的一个问题是缺乏科学的、客观的指标。指标必须能确切地反映认知对象的性格,即指标的针对性与特异性。评价他人的性格存在着很大的个别差异。对同一个人,不同个性的评价者会做出极不相同的性格评价,因此后来的研究又进行了些改进。例如,研究认知他人性格时,让本人对自己的性格作自我介绍,请有经验的人作评价,请几个评价者共同评价,取其平均数等。

对他人性格的真正认知,必须通过长期的共同生活才有可能获得,这正如中国有句古语所说的"路遥知马力,日久见人心"。但对人们性格的某些方面,在较短时期内有可能推测到,如说话的强弱与快慢,可能反映某人脾气的急缓,也从另一个侧面推测他胆子的大小;有人做事情、写东西,往往开始认真后面马虎,可能与他意志的坚持性不够有关。

了解一个人过去的生活情况,有助于对其性格的认识。从小生活在逆境中的人和从小生活在顺境中的人,由于不同的生活条件而形成不同的性格。在逆境中生活的人,不顺心的事情多,遭受到的社会挫折多,他有可能形成孤僻倔强的性格,也有可能形成软弱顺从的性格;生活在温暖安定的家庭里的人,其性格多半是乐观的、友好的;生活在备受宠爱、以自我为中心的家庭里的孩子,由于家中众人对他过分关怀与爱护,百依百顺,生活过分优越,有可能会形成其自私自利、好逸恶劳的性格。

了解一个人在家里兄弟姐妹中排行第几,也有助于了解其性格特征。一般说,长子长女往往有一定的独立性,而最小的孩子则比较娇气、胆小。此外,由于社会化的条件不同,女子总会温柔些,男子比较刚强些。

(3) 对人与人关系的认知

对人与人之间关系的认知,包括认识自己与他人的关系以及他人与他人的关系。塔旧里做过一个实验,由十个互不相识的被试组成一个小组,先让他们在小组内自由交往、畅所欲言,使这些被试相互之间增进了解,然后进行问卷:

① 这个小组里你最喜欢谁?

② 你认为这个小组里谁最喜欢你? 如果他们所选出来的人是同一对象(例如,甲提出"自己喜欢乙",且认为"乙会最喜欢自己",而乙也提出"自己喜欢甲",认为"甲最喜欢自己",就有相应的一致性),这说明甲与乙两个人认识自己与对方的关系是正确的。如果双方提出的人选不一致,那就表示对于双方的关系认识不正确。

③ 如果要选小组长,你要选谁?

④ 你估计谁会当选(被哪些人选)? 若选出来的人与他的估计是一致的,说明他对人与人之间关系的认识是正确的。例如,甲提出"要选乙",甲认为其他人如"丙、丁、戊、己等人都会选乙",事实上确实如此,这说明甲对人与人之间关系的认识是正确的。

对人际关系的认知这个问题,学校或团体的领导人应该更多地加以关心。因为人与人的关系融洽与否,对人们的学习与工作有很大影响。人与人之间关系亲密,就会产生一种协调和谐的心理气氛,否则就会出现紧张的心理气氛。在前一种心理气氛下,人与人之间会相互帮助、支持与鼓励;在后一种心理气氛下,则会相互排斥、相互对立。所以,领导人应该通过各种途径来了解人与人之间的关系,据此做些必要的调整和思想工作,以充分调动每一个人的积极性。

4. 影响社会认知的因素

影响社会认知的因素很多,包括主客观方面的各种因素。

(1) 认知对象本身的特点

认知对象本身的特点,是指该对象对于认知者所具有的价值及其社会意义的大小。认知对象,可以是某个个人、某个团体或具有社会意义的事物。由于认知对象本身的特点不同,认知结果也不同。

布鲁纳做了一个有名的货币实验,实验材料有一套硬币(有1分、5分、10分、25分、50分等大小不同的圆形硬币)、一套与硬币大小形状相同的硬纸片,实验对象是30个10

岁的孩子。实验程序是：先把两套材料先后投射在银幕上，让被试依次观看，然后移去刺激物，令被试画出刚才看到的硬币与圆形纸片。照理，这两套刺激物的大小形状是一样的，理应画出同样大小形状的两套材料。但是只因它们的社会意义不同，结果被试画出来的图形大小和实际上看到的刺激物不完全相同。他们画的圆纸图形与实际的硬纸圆形的大小比较一致，佢所画的硬币圆形大小却远较他们看到的真正硬币大。上述实验结果表明，外界事物本身的社会意义不同，会影响人们的认知结果。

由于认知对象的特点不同而产生不同的认知结果的情况，在生活中也很普遍。例如，当我们来到一个陌生的团体中，对每一个团体成员并不是平均主义地认知到的，乃是决定于这些成员本身的特点。对于那些身材特别高或特别矮的人，对于那些较胖或较瘦的人，对于那些穿着华丽服装的人或衣服非常朴素的人，对于那些说话声音洪亮的人，都能被优先于其他"一般人"而认知。

社会认知对象中，具体的个人是主要的一个方面。个人外部的表情、言语声调、行为以及言语活动中所包含的实际意义等，都是社会认知的重要信息。如果是个陌生人，当时情境并无特殊之处，则该人的外表是认知的重要因素；如果是个熟悉的人，因为尚有许多其他信息作参考，认知活动就会深入该人的内在本质，并不限于该人的外表。

（2）当时的情境

社会认知离不开一定的社会背景，认知社会中他人行为的善恶与是非总是离不开对当时情境的分析，这种情况在我们日常生活中到处可见。例如，排队购买物品，这是任何人都必须遵守的文明行为，对于插队抢先行为，人们是鄙视的。但同样是插队行为，若对象是一个年事已高的老人，人们就可能会谅解他（她）；若对象是个年轻人，人们就可能会指责他（她）、批评他（她），认为其行为不道德。

（3）认知者本身的特点

社会心理学家凯利认为，每个人头脑中都构成了一定的心理组织或结构，如同一个"有色镜头"，人们所看到的一切事物都要经过这个"有色镜头"的过滤。组成这个"有色镜头"的因素有：一个人的经验、生活方式、文化背景以及个人的需求等。其功能是用来对认知对象加以分类和辨别的。由于认知者本身已有的心理结构不同，对同一个社会刺激可能会有不同的认知结果。

① 认知者的经验。认知者经验不同，思考问题的角度也不同，即使同一社会刺激，也会有不同的认知内容。例如，对某一个人的认知，艺术家侧重注意其外貌、身材、姿势、语调等，考虑该人能否做演员或绘画的模特儿；伦理学家则侧重于观察该人的行为举止及道德品质；学者则可能侧重于考察该人的智慧、能力及专业知识。

各人的经验不同，其认知结构也不同，有简单和复杂之分。年龄小的人具有简单的认知结构，认知他人时往往采用两分法，或好人或坏人；具有复杂的认知结构的人，可以看到该认知对象的多样性，既能看到他积极品质的一面，又能看到他消极品质的一面。

F.奥尔波特曾做实验，他制定了有关学术理论、经济、美术、宗教、社会和政治这六方面的词汇并让被试们加以认知。由于这些被试已有的知识经验不同,对于以上六项内容的词汇发生了不同的兴趣。

认知者生活方式不同,也会影响其认知结果。巴克拜做了一项实验,利用立体镜的两个不同图像,反映了经验与生活方式等因素对认知的作用。他将美国人与墨西哥人作为被试,立体镜的一边展示着墨西哥的风光——斗牛场面,另一边则出示了美国人的生活情况——一群小孩在玩球,当被试戴上了立体镜后,实验者问他们"看到了什么?"由于落在两眼的画面不一样,因此不同生活方式的被试获得了不同内容的认知。按理,上述两类被试要么是什么也看不清楚,要么同时认知到两种情景。但事实上则不然,墨西哥人被试优先看到斗牛场面,美国人被试优先看到孩子们在玩球的情景。

② 认知者的性格。认知者性格不同会影响其认知结果。自信心强的人和自信心弱的人认知同一对象时,前者有独立性,后者则往往因服从权威、迷信别人而使认知活动受暗示,变得人云亦云。一个具有猜疑性格的人,对他人动作和言语的认知,往往从猜疑的立场加以判断;一个具有内倾性格的人,总是以自己的内倾性格去看待和判断对方,发生一种投射作用。康因等人研究了年龄与性别对人认知的影响,发现年龄大小与认知结果的关系很大,性别方面对认知结果也有影响,妇女对她所熟悉的人的认知比男子更富有刻板印象。他们通过研究指出:"待人比较严厉的人,其社会认知也有明显的刻板印象。"他们特别重视人际间的尊重、地位和力量。自我意识的强弱也影响着人际间的认知结果,自我意识愈强,则认知他人的偏差愈大。已有的心理定势也影响着人们的认知结果,如:一个人干了亏心事之后总是会"做贼心虚";一个胆小怕事的人经常疑神疑鬼,一有风吹草动就认为要大祸临头了。

③ 认知者的需要。认知者的需要不同,其认知结果亦不相同。勒维因等人假设了人们生理需要对其认知存在影响,并设计了实验。他们的实验对象是一群饥饿程度不等的人,首先让被试看几张乱涂乱画的图片,其中有几张图片是描写食物和其他客体的,这些图片上都被盖上了一层薄纱,使被试无法看清楚图片的真实内容,然后要求被试根据回忆画出刚才看见过的图片内容。结果表明,饥饿时间越长的被试越倾向于回忆图片上画着的食物。在日常生活中,有许多事实都可以说明认知者的需要决定了他的认知活动内容。我们如果走进新华书店随便看看,那么将会对书橱里的书进行大致浏览;如果有人想买一本英语词典,那么他就会首先认知书架上的英语词典。这是因为人们有需要,所以特别容易摄取外界有关的信息。

(4) 社会刻板印象的作用

① 社会刻板印象的含义。社会刻板印象是指社会上对于某一类事物产生一种比较固定的看法,也是一种概括而笼统的看法。人们常说"物以类聚,人以群分",这是有一定道理的,因为人们生活在同一条件下容易产生共同点。如果人们的社会生活、地理环境、经济条件、政治地位、文化水准等方面大致相同,就会具有很多共同点。例如,我国的中年知识分子由于各方面的条件具有相似性,因此也会有共同的心理特征——责任感、刻苦、勤劳、俭

朴等。社会上逐渐对中年知识分子产生了一种比较固定的看法,这种看法往往会导致一种刻板印象的产生。在日常生活中,有些刻板印象与职业、地区、性别、年龄等方面有关。也就是说,职业、地区、性别、年龄等都可以成为各种刻板印象形成的基础。例如,一般认为老人总是弱不禁风的,山东人总是直爽而能吃苦的,上海人大都是机灵的等。可以说,社会刻板印象普遍地存在于人们的意识之中。人们不仅对曾经接触过的人具有刻板印象,即使是从未见过面的人,也会根据间接的资料与信息产生刻板印象。例如,对不同国籍的外国人,人们尽管未经直接认识交往,也会有一套比较固定的看法——一种概括而笼统的看法。

② 关于社会刻板印象的研究。社会心理学研究刻板印象最多的是:研究对他国国民的刻板印象。吉尔巴特调查了美国普林斯顿大学学生对于各个国家、各个种族的成员所具有的刻板印象,发现这些大学生对各国国民及民族的看法颇为一致。他们认为:英国人有绅士风度、聪明、因循守旧、热爱传统、保守;日本人聪明、勤劳、有进取心、机灵、狡猾。对他国国民的刻板印象多半来源于道听途说,不是根据自己的亲身交往与接触,往往带有种族主义的偏见,不从各国的社会历史、政治经济、文化等方面去分析,所以是弊多利少。

③ 社会刻板印象发生先入为主的作用。社会刻板印象的作用,也称"晕轮作用"、"光圈效果"。若对某人产生了好的印象,就容易把他的一切个性特点都认知为"好";反之,则往往把他的任何个性特点都认知为"不好"。因此,社会刻板印象常有先入为主的作用。凯利曾做过一个实验,被试是美国麻省理工学院一个经济学班级中的学生们。上课前,实验者向学生宣布,由于经济学教授因故不能来上课,现请一位研究生来代课。接着,发给每个大学生一份书面材料,向他们介绍关于该研究生的情况,以造成先入为主的印象。但材料分为两种,分别给予两组学生。一份材料上写道:"×××是本校经济学研究所研究生,今年 26 岁,曾有一年半的教学经验,服过兵役,已婚,熟悉他的人都说他是一个热情、勤奋、讲求实际而又果断的人。"另一份材料上将"热情"一词换成"冷漠"(这一不同点学生并不知道),其他的文字介绍完全相同。研究生上课之后,实验者要求学生填写问卷表,要他们说说对代课教师的印象。结果表明,看到印有"热情"字眼材料的学生,比看到印有"冷漠"字眼材料的学生,对代课教师有较好的印象,往往形容他"是一个能体谅他人、不拘小节、幽默、脾气好的人"。

这在我们日常生活中也经常会发生。例如,某个单位将要来一位新的领导,大家就会竞相打听,如果听说这位领导人具有许多优点,大家内心就加以肯定,对他有一个好印象。又如,一个人说了一次谎话,被人们拆穿了,人们便不太相信他的话了,以为他老是说谎话。这就是先入为主的作用。

先入为主的作用虽然会影响人们的认知,但这种认知总是一些肤浅的认识。要对他人发生深刻的认识,必须经过双方不断交往,并不断地修正头脑中由于社会刻板印象作用所造成的"余象"。

(5) 逻辑推理的定势作用

有些社会心理学家认为,每个人的认知活动,事先都有某种假设,并从这种假设出发来看待当前的事物。这一理论是从凯利理论发展而来的,以为认知外界某一对象时,不仅会观察对象本身,而且还会结合其背景,把对象与背景联系起来加以分析,这样才能全面认知其社会意义及价值。而且认为事物与事物之间是有联系的,任何人认知外界社会刺激时总要根据已有的经验加以推测。一般人的经验认为,"A的特点往往伴有B的特点",因此他看到某人具有A的特点,往往推测他必有B的特点。例如,认为容易发脾气的人一定是很顽固的,好脾气的人多半是没有主见的等。

此外,在认知一些平时不太熟悉的人,或行为表现不很特殊的人时,由于所给予的信息少,缺乏必要的线索,人们常常根据外部的一些表面特点作为认知的线索加以逻辑推理。例如,根据皮肤的颜色、身材的高度、穿着打扮等来认知其性格。当看到一个很胖的人时,就推断他是一个"舒舒服服"的人,因为"心宽"才会"体胖";当看到一个穿着入时的人时,就推测他是个"不求上进的人"。

其实,社会生活中事物之间的联系是错综复杂、千差万别的,单一的联系在社会生活中并不多见。这种推论的思想方法是简单化的方法,往往与事实不符,容易导致认识的错误。

以上几个因素都能影响人们的社会认知。事实上,人们的认知活动并不是单个的因素单独地发生作用的,而往往是几种因素交织在一起对认知活动发生作用。不过,在不同的情况下,某些因素的作用更大些,某些因素的作用可能小一些[1]。

第二节　婴幼儿认知发展的概括性特征

婴幼儿阶段是认知成长的重要时期,在此期间,婴幼儿在认知的各领域上均获得显著发展。那么,婴幼儿认知发展的概括性特征有哪些呢?

一、认知发展的早期表现及其特点[2]

认知发展指的是:主体获得知识和解决问题的能力随时间的推移而发生变化的过程和现象。婴儿在出生以后,开始接触客观环境,与人类社会交往,在这种接触和交往中,随着身体的成长,其认知能力也将逐步发展起来。

新生儿来到这个世界时,只具有一些反射活动,它们是与生俱来的。比如,当他的嘴接触乳头时就会吸吮(吸吮反射);轻触他的手掌心,手指(拇指除外)就会弯曲作抓握状(抓握反射),直至疲劳为止;用手托住他的胸腹部让他呈俯卧状,他的四肢会做游泳的动作(游泳反射);如果用双手支持他的躯干使其保持直立的姿势,两足与桌面轻轻接触,他还会迈步(步行反射)。此外,用一个色彩鲜明的物体或用灯光在他眼前一定距离的地方

① 时蓉华.社会心理学(第2版)[M].上海:上海人民出版社,2002:163—186.
② 王明晖.0—3岁婴幼儿认知发展与教育[M].上海:复旦大学出版社,2011:16—21.

缓慢地移动,他的眼睛会追随这种移动着的对象;在他头部一侧响起铃声,他会把头转向声源。由此可见,他已经有了初级的感觉以及感觉与动作的初步协调。不过,新生儿的这些活动还是相对原始和粗糙的,带有冲动的性质,动作并不连贯。至于以上这些反射,有的会在成长的过程中被改变,有的则或迟或早会消失(也有的会保留下来,如膝跳反射)。因此,新生儿的这些活动还不是认知,只能说是认知发展的最初基础。

婴儿在出生后4—5个月之前还不能认识到外界物体是永久存在的。在他看来,只有他直接感知到的东西才是存在的。比如,他正在玩一个玩具,如果玩具掉到其他地方去了,或者别的东西把它遮盖了,他就会注意其他的东西,不会去找原来的玩具,也不会表现出若有所失的表情,好像玩具已不再存在了。

(a) 未认识到客体永久性　　　　　　(b) 已认识到客体永久性

图 1-8　客体永久性

婴幼儿在半岁至2岁左右,会逐渐认识到客体的永久性。在3—6岁期间,幼儿逐步认识到,一个东西不管它的形状、位置如何改变,它的性质没有改变。比如,把一个球形的橡皮泥压成饼状,幼儿知道饼状的橡皮泥还是原来的橡皮泥。但是,如果再进一步问幼儿,原来球状的橡皮泥和压成饼状的橡皮泥是不是一样多? 他们就不能正确回答了。他们多半会说,饼状的橡皮泥比球状的橡皮泥多。就是说,他们只知道压扁以后的橡皮泥没有改变原来的性质,却不知道橡皮泥的量也不因变形而有所改变。只有七至十一二岁的儿童,才能认识到在这种情况下物体也没有发生量的改变。

可见,婴幼儿认知能力的发展经历了一个渐进的过程,呈现出以下一些基本特点或者趋向。

(一)认知处于形成过程中

婴幼儿的各种认知过程都是在3岁前逐渐形成的。一般来说,婴幼儿最初只有感知觉和原始的注意与记忆,到1岁半左右,才出现想象和最初的思维,拥有完整的认知过程需要到2岁的时候。

新生儿通过感知觉,如视觉、听觉、味觉、嗅觉等,开始认识世界。视觉上,他爱看颜色鲜艳的东西,爱看人脸。听觉上,他爱听柔和的声音,爱听提高语调的说话声,特别爱听妈妈的声音。味觉上,他爱吃甜食,不喜苦味。如果孩子在出生后最初几天吃了某种奶粉,就会拒绝别的奶水。嗅觉上,吃母奶的孩子如在夜里醒来,会闭着眼睛用鼻子去找妈妈的乳房。

注意的发生一般认为是在孩子出生后2—3周。比如,在感知觉发展的基础上,孩子会盯着眼前的人脸注视片刻,或者停止一切活动倾听某种声音。

图1-9　1—2岁的孩子已能够喂养玩具娃娃

最初的记忆表现在新生儿能够区别熟悉的声音和不熟悉的声音。比如,连续在他耳边发出某种声音(如蜂鸣声),几次以后,他不再有反应,这时向他发出另一种声音(如沙沙声),他又重新有反应。这表明他能够记住先前听见过的声音。

在孩子1岁半到2岁左右,想象开始发生。这时会出现最初的游戏,比如,孩子会喂养玩具娃娃。

与此同时,思维开始出现。思维是人类特有的认知活动。这时孩子有了最简单的概括和推理。比如,会区别"阿姨"和"姐姐",向年轻的女性喊姐姐而不是喊阿姨。如成人对两岁的孩子说:"天黑了,该睡觉了!"他会说:"月亮为什么不去睡觉?"

至此,婴幼儿的各种认知过程基本上形成了,往后就是继续发展的问题。

(二)认知与动作不可分离

我们把人的基本活动分为认知活动和操作活动。而婴幼儿的各种活动并没有完全分化,不能明显地分开。表现如下:

① 认知活动必须依靠外在的操作活动。比如,研究发现,婴儿最早的学习是通过嘴的活动进行的。嘴的吸奶动作比双眼集中出现早,如果婴儿在用力快速吃奶的时候给他鼓励,那么,他就能总是积极地用力吃奶。眼前挂着的那个球起先不能被婴儿抓住,他的手只能在球的四周打转,当婴儿出现眼手协调动作,即能够用手抓到眼睛看到的东西时,他对世界的认知就跨了一大步。半岁左右的婴儿,开始会"五指分工",即大拇指和其他四指相互配合起来拿东西,通过拿球的动作与拿小勺的动作不同,来逐渐认识物体的形状、大小与特点。婴儿的坐、爬、站、走等身体动作每进入一个新阶段,他的认知发展就会得到新的提升。3岁前婴幼儿认识某种事物时,都要用手摸、用口尝,或用其他感觉器官去直接接触。

② 婴幼儿的认知活动都要通过动作来表现。由于婴儿的语言还没有发展起来,他需要借助动作来和别人沟通信息。比如,用哭声、表情、手足动作等表达自己的需求。

(三)以无意性认知发展为主

婴儿出生后的最初三年,认知的发展主要在无意性方面,有意性的认知活动几乎还没有得到发展。

婴幼儿的注意,一般是无意注意,即被动地受外界事物所吸引,而不是主动去注意某种事物。比如,婴儿的注意往往指向较强的刺激,像颜色鲜艳的东西、在啼叫的小鸟等。

婴幼儿的记忆,主要也是在无意记忆方面。比如,婴儿能够记得住的常常是鲜明的、具体形象的东西。

婴幼儿的想象,一般是无意性的想象。比如,看见工厂的烟囱冒烟,2 岁的幼儿会想到"爸爸在抽烟"。但是,如果缺乏相应的情景,婴幼儿常常不会发生想象。

婴幼儿的思维,主要是自由联想式的。他还不会有目的地解决问题。例如,兰兰 2 岁 10 个月大,她想要吃橘子,妈妈告诉她:"橘子还是绿的,不能吃,它还没有变黄。"过了一会儿,她看见了菊花茶,她说:"菊花茶不是绿的,它已经变黄了,橘子也变黄了。"

婴幼儿认知的无意性还表现为认知基本上是受情绪控制的。实验研究证明,情绪愉快时,婴幼儿的认知活动效果更好;痛苦时,认知活动的效果较差。

(四)婴幼儿自我认知能力开始发展,出现了人生的第一个反抗期

1 岁前的婴儿是比较顺从的。1 岁以后,幼儿开始有了自己的主意。比如,你要他往左走,他偏要往右。2 岁左右,有时大人要抱他,他会抗拒并挣扎着自己下地走路。这是独立性发生的表现,也表明幼儿已经有了自我意识。

自我意识的发展,使幼儿的认知过程逐渐复杂化,认知能力进一步提高。高级的认知过程,如自信、自卑、内疚等,都和自我意识的发展有关。婴幼儿的自我认知发展体现出以下三个特点:

(1)婴幼儿自我认知随年龄增长而提高。年龄越大,婴幼儿通过的自我认知任务数量越多,自我认知的复杂性水平越高。

(2)婴幼儿自我认知的发展速度存在显著的个体差异,有的发展快,有的发展慢。

(3)婴幼儿自我认知发展的性别差异随其年龄增长而逐渐变化。在 18 个月时,女童的自我认知水平显著高于男童,但到 21—24 个月,婴幼儿的自我认知水平不存在显著的性别差异。

二、0—3 岁婴幼儿认知发展的一般观察特征

0—3 岁婴幼儿认知发展的一般观察特征见表 1-2。

表 1-2 0—3 岁婴幼儿认知发展的一般观察特征

月 龄	观 察 特 征
0—3 个月	发现自己有手和脚 发现和重复身体动作,如吮吸、击打、抓握 开始在一定的距离内认出熟悉的人 能用眼睛寻找声源 模仿成人的面部表情 偏爱看有图案的物品,如布娃娃的眼睛、水平条纹和人脸 出现反射行为,如吸吮反射、抓握反射等 会为请求帮助而哭叫

续　表

月　　龄	观　察　特　征
4—6 个月	开始用已有的图式探索玩具,如吮吸、重击、抓握、摇晃等
	能模仿简单的行为,如模仿成人点点头、摇摇头等
	以有目的的方式使用玩具
	开始寻找某个被部分藏起来的物品
	喜欢注视手和脚
	能用眼睛寻找声源
	喜欢重复能对外部世界发生影响的动作,如摇动能发出咔嗒声的玩具
	能通过声音认人
7—9 个月	开始对填充和倒空容器感兴趣
	能模仿稍微不同于日常的行为
	能找出完全隐藏的物品
	开始能预见结果
	开始出现有目的的行为
	能从不熟悉的面孔中分辨出熟悉的面孔
	喜欢看有熟悉的物品的书
10—12 个月	开始寻找藏在另一处的物品
	能通过外表对物品分类
	能执行简单的只需一个步骤的指令,如拍拍手、把小东西放进容器中等
	显示出较强的记忆能力
	能挥手示意再见
	故意反复掉落玩具并往玩具掉落的方向看
	能在成人要求下指出身体的部位
	能通过有意识地使用图式来解决感觉运动问题,如把容器里的东西晃动出来
13—18 个月	能在照片中辨认家庭成员
	能模仿别人新颖的行为
	会玩身体部位辨认游戏
	开始探究因果关系,如开电视、敲鼓等
	能通过试误解决问题
	能将新颖的方式作用于物品以探索它们的特性

续 表

月 龄	观 察 特 征
19—24 个月	能根据性别、肤色、头发的颜色等区分自己和他人
	能在物品被移动到视线以外时找到它
	能玩功能性游戏,如玩拼图、听音辨人、学穿鞋袜等
	开始出现延迟模仿
	能在照片和镜子中认出自己
	能根据形状和颜色分类
	能在要求下指认物品
25—36 个月	开始发展时间概念,如今天、明天和昨天
	开始发展相对的概念,如大和小、高和矮、里和外
	通过数数和标识一堆物品来感知数
	和其他孩子玩假扮游戏
	自发地指认物品
	较长时间专注于自主活动
	从一个维度给物品分类
	做事情时自言自语
	有目的地使用物品

第三节 影响认知发展的因素

生物因素和环境因素是影响人发展的两大主要因素。[①] 先天的遗传和后天的成熟状况都属于生物因素。遗传是指父母的特质(如机体的构造、形态、感官和神经系统的特征等)通过基因向后代进行生物性传递。成熟是指机体的成长,特别是指神经系统和内分泌系统的成熟。认知发展的重要条件之一便是成熟,它为形成新的行为模式和思维方式提供了一种可能性。环境包括维持生物有机体生存所必需的自然环境和社会环境等,即影响有机体发展的所有外部因素。对人的发展来说,主要的环境因素是社会环境和教育。

一、遗传因素对婴幼儿认知发展的影响

良好的遗传因素和生理发育是婴幼儿认知发展的物质基础,没有这个条件,认知将失

---

① 王明晖.0—3 岁婴幼儿认知发展与教育[M].上海:复旦大学出版社,2011:21—27.

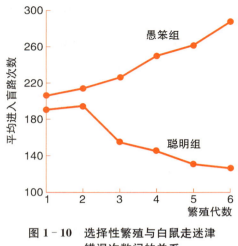

图 1 - 10　选择性繁殖与白鼠走迷津
错误次数间的关系

去发展的自然前提。

屈赖恩(Tryon)依据走迷津能力的高低将一群最初未加挑选的白鼠分类,选择其中聪明的公鼠与聪明的母鼠配对、繁殖,迟钝的公鼠与迟钝的母鼠配对、繁殖,再对子代白鼠走迷津的能力进行考察。结果,"愚笨组"的白鼠随着繁殖代数越来越多,走迷津时发生错误的比率也越来越多;相反,聪明组的白鼠随着繁殖代数增加,其错误比率却越来越少(如图 1 - 10 所示)。

同卵双生子是由同一个受精卵分裂而成的两个胚胎各自发育成的两个个体,两者具有几乎完全相同的遗传学特性。因此,同卵双生子所表现出来的心理与行为上的相似性,可以看成是遗传对发展所起的作用,同时可以把同卵双生子心理与行为发展的差异归因于环境因素。

遗传是婴幼儿认知发展的必要物质前提,奠定了个体认知发展差异的先天基础,规定了发展的高低限度,但它不能限定发展的过程以及所达到的程度。

二、成熟因素对婴幼儿认知发展的影响

成熟是指机体的成长,特别是指神经系统和内分泌系统的成熟。它为形成新的行为模式和思维方式提供了一种可能性。

婴幼儿的生理成熟具有一定顺序,不同系统的器官成熟的早晚和不同时期发育的速度都有差异。神经系统在出生后前几年成熟速度很快,以后逐渐减慢;生殖系统则相反,出生后成熟速度慢,到十一二岁后迅速发育;肌肉、骨骼等系统的成熟是出生前几年发育速度很快,然后减慢,后来又进入一个快速发育时期直到完全成熟。不仅如此,各系统内部,如神经纤维的髓鞘化、各种分析器和皮质各部分的发展都有一定的顺序。

婴幼儿的生理成熟影响着他们的认知发展,是婴幼儿认知发展的必备条件。例如,12个月左右的婴幼儿,骨骼的成熟为学习走路以及动作思维提供条件,发音系统的成熟为学习语言提供条件。尤其是婴幼儿神经系统的成熟,是他们认知机能完善的重要条件。

三、环境因素对婴幼儿认知发展的影响

出生以后,婴幼儿要接触自然环境和社会环境,他们在与环境的相互作用之中学习,并通过这种学习不断提高适应能力。个体与环境的交互作用是认识的来源,个体必须对物体做出动作,并在这种动作练习中不断得到认知经验,从而促进个体认知能力快速发展,因此,任何物理环境会反过来影响个体的认知发展。然而,这种经验不同于在社会环境中得到的社会经验。社会环境较物理环境对婴幼儿的认知发展影响更大。一般而言,

它包括语言和教育的作用,即人与人之间的相互作用和社会文化的传递。学习者的社会经验可能会加速或阻碍其认识图式的发展。

美国的一项研究表明,母亲能强烈地影响婴儿日后的社会发展和语言技巧。如果母亲天性乐观,对婴儿的需要敏感,则婴儿的智力发展更好。母亲患有抑郁症的婴儿,其语言技巧和听力理解都较差。此外,他们还不易合作,难以与人相处。母亲的敏感性对婴儿的总体发展非常重要。研究还发现,体贴的母亲哪怕患有抑郁症,其子女的智力发展也更好一些。

四、教育对婴幼儿认知发展的影响

作为一种决定性的条件,教育制约着婴幼儿认知发展的过程和方向。科学的教育能促进婴幼儿的认知发展。苏联心理学家维果茨基把婴幼儿现有发展水平和其即将达到的发展水平之间的差异,称为"最近发展区"。它表现为在有指导的情况下,婴幼儿凭借成人的帮助所达到的解决问题的水平与其在独立活动中所达到的解决问题的水平之间的差异,这种差异可以看作认知发展的可能性与现实性的差异,它是婴幼儿认知发展的潜力。

教育的作用表现在它可以决定婴幼儿认知发展的内容、水平、速度等,同时也创造着最近发展区。因为婴幼儿两种水平之间的差距是动态的,它取决于教育如何帮助婴幼儿掌握知识并促进其内化。但值得注意的是,教育只是认知发展的主要条件,其作用并不是唯一的、无条件的。因为除了教育之外,对婴幼儿认知发展产生重要影响的还有诸如遗传、家庭环境、社会环境等其他因素。

五、遗传、成熟、环境和教育相互作用,影响婴幼儿的认知发展

皮亚杰的相互作用论认为,遗传和环境两种因素之间的关系并非各占若干比例或简单相加的关系,而是一种相互交织、相互渗透和影响的关系。而且,这种理论认识到这两种因素动态的、历史的相互影响,即有机体当前的行为不仅受当前环境及遗传物质的影响,而且可能受其遗传基因和过去环境因素的相互作用的影响。

皮亚杰认为,平衡过程能调节个体(成熟)与环境(包括物理环境和社会环境)之间的交互作用,从而引起认知图式的一种新建构。正是由于平衡过程,个体才有可能以一种有组织的方式,把接收到的信息联系起来,从而使认知得到发展。

儿童认知发展的物质基础包括良好的遗传因素和生理成熟的程度。但是无论多么优良的遗传因素都只提供了认知发展的可能性,而环境和教育才能把这种可能性变成现实。

现在越来越多的研究者开始以一种动态的、相互联系的态度去分析遗传因素和环境因素之间的作用,认为任何一种因素都是在与另外的因素的相互作用、相互渗透的关系中,并与另外的因素有机地形成一种合力而作用于人的发展的。遗传因素和环境因素只是人们为了研究的方便而界定的,在现实的作用中往往难以明确分开。因为,从种系进化

的角度看,人的某些遗传素质正是人类在进化的过程中适应环境、改造自然的结果。人与自然界长期相互作用形成的机能,有的便以基因的形式巩固下来构成遗传基因,即人的遗传带有明显的环境影响的痕迹。而且,个体在发展中总是以自己特有的方式作用于自己周围的环境,即以自己的遗传特质对环境进行着选择和改造,不论社会环境还是自然环境,无不留下人类活动的烙印。

从这个意义上说,遗传与环境是相互包含、相互转化的。

第四节　0—3岁婴幼儿认知发展与教育的意义

一、儿童有权拥有最佳的人生开端

在 2001 年 9 月召开的联合国大会儿童特别会议上,时任联合国秘书长安南提出会议讨论的三个目标,其中,最为强调的第一个目标是"每个儿童有权拥有最佳的人生开端",说明这个问题是全世界各国共同关注的问题。但是,每个儿童是在家庭中成长的,要使每个父母都懂得儿童有权拥有最佳的人生开端的含义,才能使这个目标落到实处。

人生开端是指孩子出生到 3 岁。在这个年龄段,孩子大脑的信息传递通道迅速发育,支配孩子一生的思维和行为方式正处在形成阶段。当孩子学习感知、说话、行走和思考时,他们用以区分好坏、判断公平与否的价值观也在形成。毫无疑问,这是孩子一生中最容易受外界影响的阶段,是每个人自身发展的最佳时期,也是人生的奠基时期。

对于孩子来说,最佳的人生开端应该是有充分合理的营养、良好的健康状况,生活在一个丰富的感知刺激的环境以及充满温暖爱心的家庭和社会氛围之中,这样才能使人类的幼苗犹如在肥沃的土壤和充足的阳光雨露中茁壮成长,使他们成长为推动社会前进最重要、最优秀的人力资源。

但是,孩子出生来到世界上,除了用哭声呼唤外,自己还没有能力争取最佳的人生开端的权利。这就需要每个家长,无论是普通劳动者还是社会精英,都要付出爱心、时间和辛劳,给予孩子最佳人生开端的权利。这是每个父母的神圣天职,即需要学习科学养育孩子的知识。

二、0—3岁是早期教育的黄金时期

在对新生儿开展早期教育后,为什么促进其智能发育的效果会如此明显呢? 因为对于正常儿童,其在 3 岁以前大脑发育最快。婴儿在出生时的脑重量为 370 克,此后第一年内脑重增长速度最快,6 个月时为出生时的 2 倍,占成人脑重的 50%,而儿童体重要到 10 岁才达到成人的 50%。可见,婴儿大脑发育大大超过了身体发育的速度。第一年末时,婴儿脑重接近成人脑重的 60%；到第二年末时，幼儿脑重约为出生时的 3 倍，约占成人脑重的 75%；到 3 岁时，幼儿脑重已接近成人的脑重范围，之后的发育速度变慢。

人的大脑由大约 1 000 亿个神经细胞（神经元）组成。脑的神经细胞粗看起来像一棵小树，由树突、轴突、髓鞘和细胞体等组成，树突、轴突如同树枝和树根，髓鞘好比树皮（如图 1-11 所示）。出生时，婴儿的大部分神经细胞就像一棵光秃秃的小树，在出生后 2 年内，神经细胞迅速发育，"根深叶茂"，每个神经细胞都与大约 1 万个其他神经细胞相连（如图 1-12 所示）。每个神经细胞每秒钟能向相邻的细胞发送

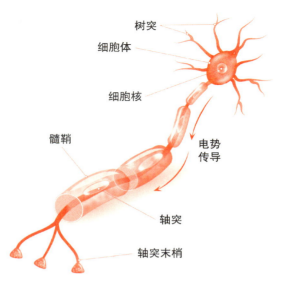

图 1-11 单一神经元的结构

100 个信息。由此可见，大脑神经细胞之间的信息交流次数之多是无法计算的。而大脑神经细胞之间的这些联系，在很大程度上是由婴幼儿生活中的经历决定的。

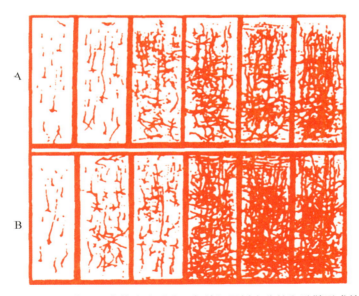

图 1-12 A、B 两个不同个体出生后头 2 年神经元树突分枝和髓鞘形成的增长

脑的发育和外界环境、教育密切相关。对猫和鼠的研究证明，如出生后生活在极单调的环境中，它们的大脑皮层会萎缩，脑重量会减轻，神经细胞之间的联系会减少。人也是如此，在出生后 2—3 年内，良好的育儿刺激对大脑的功能和结构，无论在生理和生化方面，都有重要的影响。

婴幼儿时期是心理发展最迅速的时期，年龄愈小，发展愈快。在 3 岁以下，特别是在

0—1岁,婴儿的智能发展日新月异。另外,学习能力是有关键期的。关键期是指某种知识或行为经验,在某一特定时期或阶段中最易获得和形成的时期,错过这个时期就不能获得或达不到最好的水平。这个概念最初是从动物实验中得来的。20世纪50至60年代,奥地利动物行为学家、诺贝尔奖获得者劳伦斯发现,小鹅在出生后1—2天有追随一个活动着的东西的行为,过了这个时刻,就很难再形成这种追随行为了,劳伦斯把这种行为称为"印刻现象",即出生后1—2天是小鹅形成追随活动东西的关键期。

人也有学习的关键期或称敏感期。人一生下来就有很多潜能,如果不给予丰富的环境刺激,使这些能力发挥出来,就有可能永远发挥不出来了。所以,人学习的黄金时期是3岁以前,最好从新生儿期开始接受教育。从新生儿期开始的早期教育的效果,已通过种种实验研究结果得到了证实。在人的这一行为可塑期,学习进步快。但是,早期教育虽然重要,但不等于过了这一阶段,环境和教育就不起作用了。这里只是强调,如果要发挥人的大脑的最大潜能,应特别注重0—3岁婴幼儿的早期教育。[①]

三、提高人口素质

在科学技术快速发展的今天,我国要建设成现代化强国,必须大量培养人才,早出人才。这就要重视早期教育,从婴幼儿抓起,使他们身心得到健康和全面的发展。因此,要提高人口素质,进行早期教育是关键的一环。[②]

本章小结　　本章我们学习了认知的概念、认知的领域、婴幼儿认知发展的概括性特征、影响认知发展的因素等。相关研究表明,0—3岁是孩子一生中最容易受外界影响的阶段,是每个人自身发展的最佳时期,也是人生的奠基时期,因此,0—3岁婴幼儿认知发展与教育具有重要的意义。

思考与练习

1. 什么是认知?
2. 感知觉的形成有哪些环节?
3. 婴幼儿认知发展有哪些概括性特征? 请举例说明。
4. 如何培养幼儿的想象力?

---

① 鲍秀兰,等.塑造最佳的人生开端:新生儿行为与0—3岁潜能开发指南[M].北京:中国商业出版社,2001:242—245.

② 郭树春.儿童保健学[M].北京:人民卫生出版社,1989:42.

第二章

认知发展的理论观点

学习
目标

1. 学习皮亚杰的认知发展阶段理论。
2. 掌握维果茨基的社会文化理论。
3. 理解认知发展的信息加工观点。

本章
导览

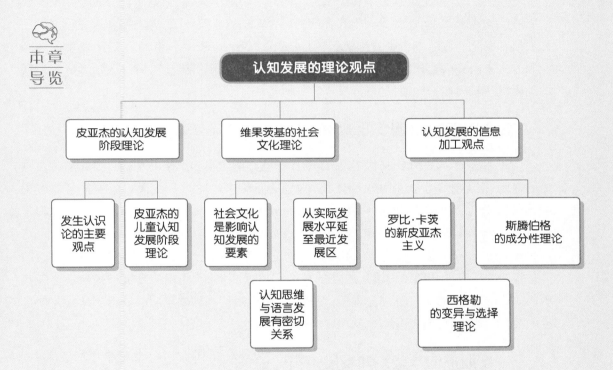

本章导语

　　童童和爸爸妈妈到乡下看望姥姥,一路上兴高采烈。到了乡下,看到姥姥家养的鸡在地上啄食,妈妈告诉他,这是鸡。后来当他看到在地上啄食的麻雀,便很高兴地告诉妈妈"妈妈,那里也有好多'鸡'!"

　　童童试图将新的经验与已经存在的图式匹配去识别动物,依据皮亚杰的认知发展阶段理论,这一过程称为同化。那么,什么是图式? 什么是同化? 什么是皮亚杰的认知发展阶段理论? 除此之外,你知道的认知发展的理论观点还有哪些? 下面,让我们一起了解部分认知发展的理论观点。

第一节　皮亚杰的认知发展阶段理论

认知发展,广义而言就是指个体在知觉、记忆、想象、学习和思维(判断、推理和问题解决)等方面的发展。20世纪五六十年代以前,人们普遍认为儿童的认知能力极其有限。然而,随着研究方法与技术的不断进步,人们对儿童认知能力的看法不断更新,儿童惊人的能力与潜能不断被揭示出来。

皮亚杰是20世纪最有影响和贡献最大的儿童心理学家,他强调儿童的思考并不是成人思考的初级形式,而是和成人不同类型的思考。随着成熟,儿童的思考会依照一定的序列发展和变化。皮亚杰主张发生认识论(genetic epistemology),其特点是用发生学的观点和方法来研究人类认知(从婴儿期到青春期)的发展顺序与阶段,探讨认知形成和发展的动因、过程、内在结构和机制等。

一、发生认识论的主要观点

皮亚杰认为,人的知识来源于动作,动作是感知的源泉和思维的基础。婴儿通过对物体的抓取、摆弄等动作获得关于物体的知识,从而认识物体。人在认识周围世界的过程中,形成自己独特的认知结构,叫作图式(scheme)。而人类所有的心理反应归根结底都是适应,适应的本质在于取得机体与环境的平衡。适应分为两种不同的类型:同化(assimilation)与顺应(accommodation),同化是指将新信息纳入已有的认知结构中,而顺应是指改变已有的认知结构以适应新的环境和信息。例如,儿童从吸吮母奶到学会吸吮塑料奶瓶的奶嘴,就是一种同化现象;而儿童发现塑料奶嘴需要不同的口舌活动并改变自己的吸吮行为以适应新环境,这就是顺应行为。

二、皮亚杰的儿童认知发展阶段理论

皮亚杰通过大量的观察与实验,把儿童思维的发展划分为四个阶段:感知运动阶段(sensorimotor stage)、前运算阶段(pre-operational stage)、具体运算阶段(concrete operational stage)和形式运算阶段(formal operational stage)。

(一)感知运动阶段(0—2岁)

这一阶段是婴儿的认知能力初步发展的时期,婴儿靠感觉与动作为手段来适应外部环境、认识周围世界,并逐渐认知到自己与他人(父母亲)、自己与物体的不同。在此阶段的初期即新生儿时期,婴儿所能做的只是为数不多的反射性动作。随着月龄的增加,婴儿发展起若干重要的认知概念,其中之一就是所谓的"客体永久性"概念(object permanence),即知道某人或某物虽然现在看不见但仍然是存在的。一般认为,在4—6个月以前,婴儿是"眼不见,心不想",只要物体从婴儿的视野中消失,婴儿就不再去追寻,好像物体已经不存在了。到 6 个月以后,婴儿开始用视线随着物体的移动方向而移动。接近 2 岁时,当物体消失或部分被掩藏时,婴儿会表现出惊奇并知道去寻找。

(二)前运算阶段(2—7岁)

这一阶段的显著发展特点是儿童的语言得到了飞速发展,他们开始学习并渐渐能够熟练地运用符号表征事物,并用符号从事简单的思考活动。皮亚杰把这种通过符号进行学习的能力称为符号功能(symbolic function)。

在这一阶段中,儿童思维发展的两个典型局限性特点是思维的片面性和我向思维。思维的片面性是指儿童此时的思维有集中于事物的某一方面而忽视其他方面的倾向。皮亚杰著名的"守恒"(conservation)实验揭示了儿童的这一思维特点。如图 2-1 所示,实验者当着儿童的面将两杯同样多的液体中的一杯倒进一个细而长的杯子中,要求儿童说出这时哪一个杯子中的液体多些时,儿童不能意识到液体是"守恒"的,因此多倾向于回答高杯子中的液体多些。儿童只注意到高杯中的液体比较高,却没有注意到高杯比较细。除了液体守恒实验,心理学家们还在体积、长度和数量方面测试了儿童的守恒概念的发展,具体实验材料如图 2-2 所示。

图 2-1 守恒实验:处于前运算阶段前期的儿童还没有形成液体的守恒概念

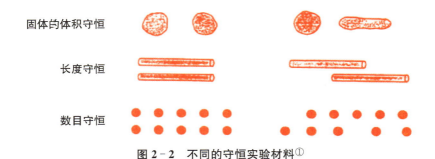

固体的体积守恒

长度守恒

数目守恒

图 2-2 不同的守恒实验材料[①]

———————————

① Lefrancois G R. Of children, an introduction to child development [M]. 4th ed. California:Wadsworth, Inc., 1983.

在前运算阶段，儿童还倾向于从自己的角度出发看待事物和进行思考，皮亚杰将这一思维称为"我向思维"或"自我中心"(egocentrism)的思考，即儿童认为别人的思考和运作方式应该与自己的思考完全一致。这时儿童还没有意识到别人可以有与自己完全不同的思考方式，皮亚杰认为，当儿童开始认识到这一点时，他们就进入了具体运算阶段。

（三）具体运算阶段(7—11岁)

儿童大约在5—7岁之间开始进入具体运算阶段，这一阶段发展最典型的标志就是儿童能够运用符号进行有逻辑的思考活动。前运算阶段的儿童虽然可以形成对事物的初步符号表征，但他们的认知活动还与身体经验密切相关。而具体运算阶段的儿童则在分类、数字处理、时间和空间概念上有了很大的进步。此时，儿童"自我中心"的程度下降，他们开始克服"片面性"而注意到事物的各个方面，发展了了解他人观点的能力，从而增进了自己与他人沟通的能力。

（四）形式运算阶段(11岁以后)

形式运算阶段的典型特征是抽象思维的发展和完善。这时青少年不再将思维局限于具体的事物上，他们开始运用抽象的概念，能提出合理可行的假设并进行验证，知道事物的发生有多种可能性，从而使他们的思维具有更大的弹性和复杂性。

皮亚杰的发生认识论得到了心理学家的普遍承认，对研究儿童心理的发展产生了划时代的影响。但是，近来的一些研究也对皮亚杰理论的一些观点提出了质疑，其中一个重要的问题是，皮亚杰是否低估了儿童的认知能力？对前运算阶段的儿童，皮亚杰曾设计了著名的"三山实验"来测验儿童的"自我中心"的思维特征。在"三山实验"中，实验材料是一个包括三座高低、大小和颜色不同的假山模型(如图2-3所示)，实验首先要求儿童从模型的四个角度观察"这三座山"，然后要求儿童面对模型而坐，并且放一个玩具娃娃在山

图2-3 "三山问题"情景

的另一边。实验任务是要求儿童从四张图片中指出哪一张是玩具娃娃看到的"山"。结果发现幼童无法完成这个任务,他们只能从自己的角度来描述"三山"的形状。皮亚杰以此证明幼童无法想象他人的观点,他们的思维具有"自我中心"的特点。后来,人们对这个实验提出了两个问题:○ 儿童是否熟悉实验的情景?在现实生活中大人很少要求儿童观察和描述山峰的不同侧面。② 问题的难度是否适合于儿童?针对这些问题,研究者们采用了一些变通的方法来研究儿童的"自我中心"思维。一个有趣的实验是"警察抓小偷":让儿童坐在一个四方形盘前面(如图2-4所示),方盘被交叉的"十"字形隔板分为相同大小的四个部分;将一个玩具警察放在四个部分中的任一部分,然后将玩具小偷分别放在四个部分中的每

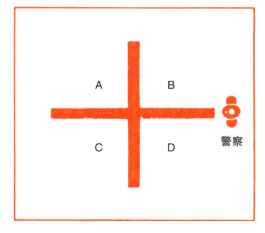

图2-4 "警察抓小偷"实验情景①

一个部分,并问儿童:警察此时是否可以看见小偷。对35名3岁半到5岁的儿童的实验表明,他们回答问题的正确率达到了90%。其原因可能是"警察抓小偷"是儿童比较熟悉而具体的情景,在这种情景下,儿童的思维并不是"自我中心"的。②

拓展阅读

让·皮亚杰

让·皮亚杰(Jean Piaget,1896—1980),瑞士儿童心理学家,是迄今为止在儿童心理发展史上最具影响力的理论家之一。他一生留给后人六十多本专著、五百多篇论文,获得几十个名誉博士、荣誉教授和荣誉科学院士的称号。皮亚杰关注儿童的认知发展,用实验的方法研究认识的起源,通过儿童心理学把生物学与认识论、逻辑学结合起来,从而将传统的认识论改造成为一门实证的实验科学,创立了发生认识论这一新的学科。

第二节 维果茨基的社会文化理论

维果茨基是苏联的心理学家,他主要研究儿童心理和教育心理,着重探讨思维与言

---

① Donaldson M. Children's minds [M]. New York:Norton,1978.
② 彭聃龄.普通心理学(修订版)[M].北京:北京师范大学出版社,2001:499—503.

语、教学与发展的关系问题。以下是维果茨基认知发展理论的三点要义。

一、社会文化是影响认知发展的要素

按维果茨基的看法，人类自出生开始，他就生长在一个属于人的社会里。人类随年龄增长，经儿童期、青少年以至成人，一直也离不开人的社会。社会中的一切，诸如风俗习惯、宗教信仰、生活中的衣食住行、前辈留下的历史文化、社会制度、行为规范等，构成人类生活中的文化世界。此文化世界既影响成人的行为，也影响正在成长中的儿童。更何况在任何社会里，成人对其新生的下一代，无不刻意扮演社会文化传人的角色，希望他们的下一代接受其社会文化的熏陶。在认知发展上，儿童由外化逐渐转为内化，由初生时的自然人，逐渐变成社会人，成为一个符合当地社会文化要求的成员。如此看来，儿童的认知发展，无疑是在社会学习的历程中进行的。因此，改善儿童社会环境，将有助于儿童的认知发展。故一般认为，从改善儿童成长的环境，适时施以教育，从而促进其智力发展的观点而言，维果茨基的认知发展理论，远较皮亚杰的理论乐观。

二、认知思维与语言发展有密切关系

与皮亚杰的理论比较，维果茨基的认知发展理论有别于皮亚杰，最重要的是他特别强调语言发展与认知发展的关系。而且在解释语言发展帮助儿童认知思维之间的密切关系时，维果茨基特别强调儿童自我中心语言（egocentric speech）的重要性。根据维果茨基的观察研究，幼儿期（属皮亚杰所指的前运算期）的思维方式是带有自我中心倾向的，此时期儿童们在一起谈话时，也是以自我为中心的。不过，维果茨基对儿童自我中心语言的解释不同于皮亚杰的论点。皮亚杰认为自我中心语言只是儿童的一种认知思维方式的表达，等发展到具体运算期之后，就会自动消失。维果茨基的论点则不同，他将儿童的自我中心语言视为调和其思维与行动，从而助益其认知发展的重要因素。维果茨基曾设计实验情境，使儿童在有目的的活动中遭遇困难（如让他画图而纸笔不全），借以观察挫折情境对儿童自我中心语言的影响。以下是他在实验中（绘画缺少蓝笔）观察所见的部分记录：

> 儿童绘画时需要一支蓝色的笔，遍觅不着就自言自语道："笔在哪里？我需要一支蓝笔。没有关系，没有蓝笔就用红笔好了。用红笔画了然后用水把它打湿，使它变暗一点，看起来就会有点像蓝色。"[①]

根据维果茨基的观察，当儿童面对类似的困难情境时，他的自我中心语言就会加倍增多。这一现象显示儿童借自我中心语言以帮助其思维。因此，维果茨基指出，自我中心语言有促进儿童心理发展的功能：不仅可借此纾解其情绪，而更重要的是能助益其心智发展。

---

① Vygotsky. Thought and language［M］. Cambridge：MIT Press，1986.

根据维果茨基的观察研究,在认知发展过程中,儿童在婴幼儿阶段的思想与语言两者是各自独立平行发展的,甚至从语言表达思想的方式来看,两者发展的顺序是相反的。在其所著《思想与语言》一书中,维果茨基对此现象有如下说明:

> 在婴儿开始学习说话的初期,都是先用单一个字来表达他的思想。继之扩大为两三个字的简句,而后再增加为包括多个单字的复杂句子。因此,如果单从语言表现的形式看,儿童的语言学习是遵循先由部分而后整体的顺序发展的。然而,如果从语言所代表的思想看,其顺序则恰恰相反,即最早用单字句表达他的整个思想,以后才逐渐按句中不同单字的语意,分化为多个不同的思想单元。是以如果改从语言表达的思想看,儿童的思想发展是遵循先整体而后部分的顺序发展的。

按维果茨基的解释,婴幼儿语言与思想二者独立平行的现象只是短期的。儿童能够支配语言之后,语言与思想就合二为一,而且语言与思想的交互作用成为促进儿童认知发展的主要内在动力。

三、从实际发展水平延至最近发展区

在维果茨基的认知发展理论中,最受重视的是他倡议的最近发展区(zone of proximal development)的理念。所谓最近发展区,按维果茨基的说法,是介于儿童自己实力所能达到的水平(如学业成就)与经别人给予协助后所可能达到的水平,两种水平之间的一段差距,即为该儿童的最近发展区。而在此种情形下别人所给予儿童的协助,即称为支架作用(scaffolding,意指协助对发展具有促进作用)。换言之,某一儿童在认知能力上的最近发展区,是根据他到目前为止在认知性作业上的实际表现去预估的,而预估其可能表现所依据的标准是成人所能给予的协助;须给予协助才可完成这一段作业,只凭他自己是无法独立完成的。

维果茨基之所以特别强调最近发展区的重要性,原因是他对既有的智力测验的性质与学校教育上传统的学业成就评量方法不满意,以下是维果茨基的解释:

> 一般心理学家研究儿童心理发展时,一向都是要求儿童解答一些事先标准化了的问题。施测后,按照儿童自己所能解答题目的数量,从而评定该儿童心理发展的水平。此种传统心理测量方式虽为大家所接受,但并不合乎儿童认知发展的原理。原因是,此种方法只能测量到儿童认知能力的一部分,而不能据以推知其全部。因此,要想了解儿童认知发展的真相,必须在测量方法上另寻途径。

上述引文中,维果茨基所指的另寻途径,就是他所提倡的最近发展区理念。以传统智力测验为例,通常都是在测验标准化时就建立了年龄常模。对某一儿童施测时,也都是按该儿童答对的题目计分,从而评定其心理发展水平或心理年龄。按维果茨基的看法,此类智力测验最多只能测量儿童智力的实际发展,而不能测量其智力的可能发展。原因是,这种测试只根据儿童答对题目计分,而不考虑其答错题目的心理过程。数人答对同一试题时,固然可以由之推论他们全都确实知道如何解答问题。但数人答错同一试题时,就会有认知程度上的差异:有的儿童可能一知半解,有的儿童可能一无所知,如将两种情形一概不予计分,那是不公平的。维果茨基最近发展区的构想,正是针对传统心理测验的缺点提出来的改进建议。据此而论,在了解儿童的实际发展水平之后,进而根据其可能发展水平,找出其最近发展区,就可经由成人协助使儿童的认知能力臻于最充分发展的地步。[①]

利维·维果茨基

　　利维·维果茨基(Lev Semenovich Vygotsky,1896—1934),苏联卓越的心理学家,他主要研究儿童发展与教育心理,着重探讨思维与语言、教学与发展的关系问题。由于维果茨基在心理学领域作出的重要贡献,他被誉为"心理学界的莫扎特",其所创立的文化历史理论不仅对苏联,而且在世界范围内产生了广泛的影响。

第三节　认知发展的信息加工观点

　　认知心理学将人看作信息加工的系统,它以信息的获得、存储、加工和提取来分析、解释人的心理活动。在认知心理学看来,个体的任何一种加工活动都是随年龄的增长而发展变化的。心理学应该描述这些加工过程的发展,并对它们的变化进行系统的解释。

　　由于心理学家们对不同过程的重视程度不一,因而对个体认知的发展也提出了不同的理论。下面介绍其中有代表性的几种理论。[②]

一、罗比·卡茨的新皮亚杰主义

　　与其他大多数新皮亚杰主义一样,罗比·卡茨(Robbie Case)的理论是皮亚杰主义与信息加工心理学的融合。他继承了皮亚杰的某些观点,如他承认在不同的发展阶段上复杂的心理结构是以一个不断增加的序列在发展着;他也同意皮亚杰关于心理结构的深层结构在任何年龄阶段上,其内容都是不断交叉的这一观点。但是,他抛弃了皮亚杰用符号逻辑概念的发展来说明儿童心理结构的发展,而是用信息加工的各种概念的发展来说明儿童心理结构的发展。

　　卡茨认为,儿童为了解决不同层次的问题,不断发展着他的整合执行控制结构,这是儿童心理发展中的一个重要的变化。执行控制结构就是解决不同问题的心理蓝图或计划,它包括三个组成部分:① 问题情景的表征;② 问题客体的表征;③ 问题策略的表征。

---

① 　张春兴.教育心理学:三化取向的理论与实践[M].杭州:浙江教育出版社,1998:113—117.
② 　彭聃龄,等.认知心理学[M].哈尔滨:黑龙江教育出版社,1990:363—370.

问题策略的表征将问题情景表征和问题客体表征联系起来。卡茨就是用执行控制结构的不断复杂和深化来解释儿童认知的发展的。

例如,4—6岁儿童的发展就是从"相关的"(relational)思想阶段发展到分离出"维度的"(dimensional)思想阶段。这一变化的主要特点是:① 儿童开始学会协调两个执行控制结构。这两个执行控制结构在儿童的技能成分中是早已存在着的,但儿童在4岁时不能把这两个系统联合起来共同运用。② 这种协调包括对这两个结构按严格的层次顺序进行整合。③ 在协调的同时发生了某种变化。④ 以上结果在儿童的思想中出现了一个新的单元:"可变生"(variable)或"数量维度"(quantitation dimension)。这种发展使儿童明白了客观世界中多因一果的现象。

儿童从运用一个执行控制结构到协调运用两个执行控制结构,要受儿童工作记忆容量的影响。在4岁时,儿童的工作记忆只能用来执行即时的操作作业,他的工作记忆具有单一性质。到6岁时,儿童的工作记忆分成了两个部分,一部分用来执行即时的操作作业,另一部分用来存储或提取刚刚执行的或已执行过的操作作业。

卡茨还区分了两种不同的能力,一种是"在人类发展中保持不变的能力",另一种是"人出生时所不具备的潜能"。卡茨认为,像"确定目标"、"按正常序列激活图式"等是先天具有的能力,不论解决什么问题,这些能力都是基础。在这些基本能力的基础上,人们建构了一系列更完整、更有效的认知过程。他认为存在着四种这样的过程,即:① 问题解决;② 探究活动;③ 观察与模仿;④ 相互协调。在1或2个月的婴儿中就已发现这些能力的基本形式,以后随着其年龄的增长,这些能力也不断复杂,并促进了儿童执行控制结构的不断完善。

卡茨的理论区分了先天的能力和后天的能力,这虽然很重要,但是他所列举的一些能力并不符合实际,比如,他把"确定目标"的能力看成一种先天的能力,这是不正确的,事实上这种能力是随着年龄的增长而发展的。

卡茨提出,解决问题的执行控制结构要受工作记忆容量的限制,在不同的年龄阶段上,工作记忆的容量分配是不同的。这种主张将高级心理活动与低级心理活动联系起来,因而使我们能够根据外部活动来推测内部复杂的心理过程。

二、西格勒的变异与选择理论

西格勒(Robert S. Siegler)将达尔文的进化论引入对认知发展的研究。他认为,在人类的认知发展中存在着变异(variation)与选择(selection)两个方面。这两个方面的变化构成适应,产生人类认知的进化(人类认知的进化发生在个体头脑的概念水平上)。

西格勒认为,选择是对物理的和社会的环境的直接反馈,而变异则属于内部的心理机制。他的理论主要探讨认知的变异。西格勒认为,认知变异的模式包含着两个加工过程:编码和联合(encoding and combination)。人们将世界的特征进行编码,并把它们组合到各种各样的关系中去,当概括的结果不符合原有的规则时,人们要对特征进行重组。

西格勒进一步将变异成分划分成一系列子成分。这些子成分构成了一个简单的框图,如图2-5所示。

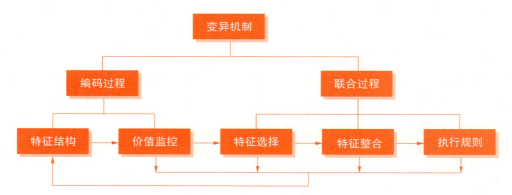

图2-5　西格勒的变异机制框图

变异机制分为编码和联合两种过程,编码又可进一步分成特征结构和价值监控两个加工过程,联合可分成特征选择、特征整合和执行规则三个加工过程。

框图内最低水平中的每一项都对应着变异机制的一个特殊功能。在编码这一侧,特征结构是产生新特征以运用心理表征,价值监控是记录已被编码的特征的价值。在联合这一侧,特征选择是指必须在所有已编码的特征中进行选择,使那些被选择的特征能够结合到产生行为的规则中去;特征整合包括对能够运用到行为规则中去的不同特征组合进行选择;最后,执行规则是指人们把已选择的特征价值嵌入他们所选择的组合中去,并依此进行判断、预测,以及产生另外的行为。西格勒认为,认知的发展就是框图内最低水平的各种因素由简单到复杂、由低级到高级的发展。

西格勒用一个天平实验来说明价值监控的发展过程。西格勒使用一个两臂天平,在天平的每个臂上都有几个刻度标明与支点的距离。实验者在天平的两侧盘内放入一定重量的物体,并改变两臂的长度,让儿童确定,当手放开天平时,天平是向左、右倾,还是保持平衡。西格勒发现,5岁儿童在进行判断时只考虑物体重量这一个因素,对天平臂的长短根本不予注意。到9岁时,当物体重量不同时,他们只考虑物体的重量,当物体重量相同时,他们会考虑到臂的长短。到15岁左右,他们才能将两个因素都考虑在内,但只有在一个因素相等时,他们才能回答正确,而在两者都不相同时,他们还会发生错误。在此以后,儿童才能逐渐协调两个因素的关系,并对问题作出正确的回答。儿童从只监控一个因素的价值到能够熟练地协调两个以至多个因素的关系,说明了儿童价值监控过程的发展变化。

其他几个因素的发展过程也是如此。这些基本因素的不断复杂化,使儿童通过编码与联合对问题的各个方面考查得更加细致,对特征的选择与整合更加有效,他们使用的规则也更符合面临的各种任务。儿童能够解决愈来愈复杂的问题,使用的方法与手段也更为进步,这一切都标志着儿童的认知能力由较低的水平发展到较高的水平。

西格勒用编码与联合过程来解释认知的发展,儿童在运用特征结构的旧原则时也试图寻找新的特征以便对环境作出更精确的反应。这种主张强调了人对环境作用的主动性，也说明了发展的可能性。因为，如果儿童固守在旧的原则上，不去寻找新的特征，也就谈不上发展了。

西格勒还将达尔文的进化论引入认知发展的研究，这对我们也很有启发。

三、斯腾伯格的成分性理论

斯腾伯格（Robert J. Steinberg）用成分性理论来解释认知发展的心理原因，他的理论的基本构成因素是成分（component）。一个成分就是对客体或符号的内部表征进行操作的一个基本信息加工过程。成分可以将感觉输入转译成一个概念命题，也可以将一个命题转换成另一个命题，还可以将一个概念命题转译为行为输出。每一个成分都有三种重要的性质：持久性、困难性（正确操作的可能性）、执行的可能性。

斯腾伯格认为成分有三种基本类型：元成分、操作成分、知识获得成分。每种成分都有各自的功能。

元成分是在对工作进行计划或决策时使用的执行性加工过程。它分为九种：① 认识到需要解决什么任务；② 对完成任务所需的较低序列成分进行选择；③ 对较低序列成分之间的各种联合的策略进行选择；④ 对信息的一个或多个的心理表征与组织形式进行选择；⑤ 成分性资源的定位（各种成分的重要性不同，因而在解决问题时要确定每个成分所占用的时间）；⑥ 对解决问题过程的监控；⑦ 理解反馈的意义；⑧ 判断如何在反馈的基础上进行行动；⑨ 建立在反馈基础上的行动。

操作成分是指在执行作业时所使用的加工过程。操作成分包括：① 信息的编码；② 关系参照（判断不同作业之间的相似性与差别）；③ 高水平联系的认知地图（判断较低水平联系的相似性与差别）；④ 关系的运用（把以前获得的关系参照运用到新的问题上）；⑤ 匹配（对多重选择答案进行匹配与对比）；⑥ 判断（决定哪一个答案最正确）；⑦ 反应。

知识获得成分是在获得新信息时运用的加工过程，它包括：① 选择性编码（在刺激环境中选择出有关信息）；② 选择性联合（把选择好的信息以某种有意义的方式整合起来）；③ 选择性匹配（用与以前存储的信息之间的关系来说明新联合的信息的意义）。

这三种基本成分不是孤立的，而是相互联系、相互依存的。元成分能直接激活其他成分，并接受来自其他成分的反馈，另外两种成分通过元成分间接地相互激活，并间接地接受对方的反馈信息。

斯腾伯格认为，在某种意义上讲，认知的发展是各种成分系统反复相互激活的结果。操作成分与知识获得成分受到元成分的不断激活，它们对元成分的反馈使个体的说明性知识与产生性知识不断累积起来，这种知识的不断增加就是认知水平的发展。

斯腾伯格认为，认知的发展还表现在加工过程中各种成分的自动化程度在不断提高。儿童最初的加工过程受到意识的强烈控制，是一种层次分明的序列加工，随着年龄和知识经验的增加,许多局部的加工过程变得越来越熟练,自动化的程度越来越高,有意识的序列加工变成了潜意识的、瞬间完成的加工活动。这种变化使儿童能够更加熟练地解决问题,这是儿童认知水平不断发展的另一标志。

斯腾伯格把元成分看成是认知发展的中心成分,认为其他两个成分是通过元成分来起作用的,这一思想与卡茨的观点很一致,即他们都强调个体发展的主动性。另外,他把加工过程的自动化看成是认知发展的另一个重要来源,这一点恰好是许多心理学家没有考虑到的。

表2-1说明了三种理论各自的特点以及它们的相互关系。从表2-1上我们可以看到,三种理论都把认知的发展理解为"学习",而且都用基本认知单元在性质上的变化来说明认知的发展。这些理论也都假定儿童是"发展自我",而不是"得到发展",儿童通过对信息加工活动进行自动的概括而发展了他们的认知能力。三种理论还把认知发展中的量变与质变归结为不同机制的作用,它们用相同的心理机制来解释认知发展中细小的量变,而用不同性质的心理机制来解释重大的质变。三种理论也都试图解释认知发展中的个别差异。如斯腾伯格把个别差异归结为认知发展的速度差异和最后达到的水平差异,而卡茨则用取得认知成就所经过的不同程序或路线来说明个别差异。

表2-1 认知发展的信息加工观点的比较

理论家	认知单元	认知发展机制	其他特征
卡 茨	执行控制结构	加工过程:问题解决,探究,模仿,相互调节,还有进入更复杂形式的差异以及执行控制结构的各层次整合。每一加工过程的次级过程:目标确定,新顺序产生,功用评估,执行重组,联合,短时存储空间随年龄而增加	阶段和次阶段
西格勒	规则	变异机制的构成:编码过程(特征结构和价值监控)和联合过程(特征选择、特征整合、执行规则)	认知发展类似于进化
斯腾伯格	成分(基本信息加工过程)	元成分、操作成分、知识获得成分之间的内部联系产生无尽的反馈链。成分的自动化	个别差异的论述

案例与分析

蓓蓓的妈妈非常重视教育,蓓蓓刚出生不久,她就给蓓蓓报了各种早教班。现在蓓蓓2岁多了,她每周都要上感统、英语、建构等课程,但是,生活中的她却不会自己穿鞋、吃饭、用杯子喝水。最近,蓓蓓的妈妈听托班老师说孩子在进行手工活动时注意力不集中,参与度不高。她很着急,又开始打听什么课程可以提高孩子的专注力。

分析 党的二十大报告强调,我们必须坚持系统观念,用普遍联系的、全面系统的、发展变化的观点观察事物,把握事物发展规律。案例中,蓓蓓的妈妈将孩子的认知发展看成一个个割裂的、独立的项目进行课程化训练,这就忽视了儿童的认知发展是系统而全面的、有机联系的整体,忽视了生活本身就是一个综合性的教育场域,每一项生活能力的锻炼与培养都需要身心多领域、全系统的协同与合作。因此,我们应该坚持把对儿童的认知教育融入日常生活中,以系统的观点看待儿童的认知发展与教育。

本章小结

　　通过本章,我们学习了皮亚杰的认知发展阶段理论,了解了 0—3 岁的婴幼儿大多处于感知运动阶段,这一阶段是婴幼儿认知能力初步发展的时期,婴幼儿以感觉与动作为手段来适应外部环境、认识周围世界,并逐渐认知到自己与他人(父母亲)、自己与物体的不同;维果茨基的社会文化理论表明,文化世界既影响成人的行为,也影响正在成长中的儿童,改善儿童社会环境,将有助于儿童的认知发展;认知发展的信息加工观点将人看作信息加工的系统,它以信息的获得、存储、加工和提取来分析、解释人的心理活动,个体的任何一种加工活动都是随年龄的增长而发展变化的。

思考与练习

　　1. 请简要概括皮亚杰的认知发展阶段理论。
　　2. 请谈谈维果茨基的社会文化理论与皮亚杰的认知发展阶段理论的区别与联系。

第三章

0—6 个月婴儿认知发展与教育

学习
目标

1. 理解 0—6 个月婴儿认知教育的意义。
2. 掌握 0—6 个月婴儿认知发展的特点。
3. 能有效运用促进 0—6 个月婴儿认知发展的策略。

本章
导览

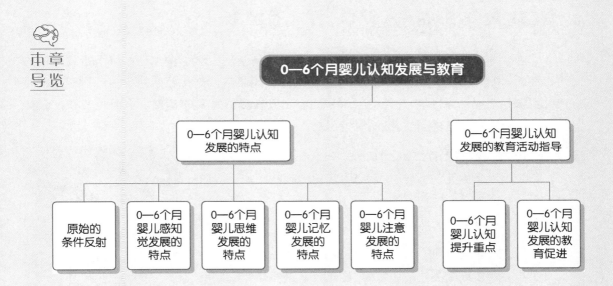

本章导语

　　果果两个月零五天了,她每天早晨醒来,都会充满好奇地观察身边的事物。当爸爸抱起她,绘声绘色地给她讲《我爱我家》的故事时,她会聚精会神地听着,目不转睛地看着绘本里爸爸所指的地方。当爸爸读到她喜欢的地方时,常会露出灿烂的笑容……

　　看了这段文字,你是不是被婴儿超强的学习能力震撼了? 两个月的婴儿真的可以阅读了吗? 他(她)的认知发展有什么特点呢? 下面我们一起进入 0—6 个月婴儿的认知世界。

第一节 0—6个月婴儿认知发展的特点

0—6个月是婴儿适应宫外生活的重要时期,婴儿从母亲的子宫中脱离,"独立"地生活,需要学习不同的生存技能,以适应外界环境的变化。在很多人看来,0—6个月的婴儿只会吃奶、睡觉和哭闹,似乎谈不上有什么认知活动。但实际上,他们具有很强的心理反应的发展潜力,喜欢听母亲的心跳声和说话声,喜欢母乳及甜的味道,对酸味、苦味会皱眉、伸舌或挣扎以表示讨厌、拒绝。这一时期婴儿的大脑、身体形态及其结构和功能发展迅速,生理上的快速发育为婴儿的认知发展奠定了良好的基础,这一时期婴儿的认知发展呈现出日新月异的趋势。

一、原始的条件反射

在生命的第一周,婴儿的身体活动主要是原始的条件反射,例如当你将手指放入他的口腔时,他会反射性吸吮;在面对强光时,他会紧闭眼睛。这些原始的条件反射能帮助婴儿更快地适应外界环境,并且为其未来的心理发展提供重要的基础。下面是一些在最初几周内可以观察到的新生儿的条件反射。

(一)吸吮反射(sucking reflex)

当接触新生儿的嘴唇时,就会引起他的吸吮动作。吸吮反射是较强的反射之一,当新生儿开始吸吮时,其他活动都会被抑制(如图3-1所示)。

(二)抓握反射(palmar grasping reflex)

当有物体放在婴儿的手掌时,婴儿会紧抓住物体。此反射大约在婴儿3—4个月大时消失,并以自发性的抓握来替代(如图3-2所示)。

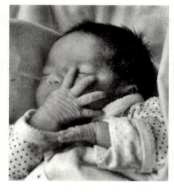

图3-1 吸吮反射

(三)摩罗反射(moro reflex)

摩罗反射又称为惊跳反射,当有巨大的声音或是突然变换婴儿头部的姿势、位置时,婴儿会迅速将手臂向外张开,然后会弓着背向前抱住(如图3-3所示)。这种弓着背及手臂张开的动作会在他4—6个月大时消失。

(四)踏步反射(stepping reflex)

用手臂托着婴儿,让他的足底接触一个平面,他会将一只脚放在另一只前面,好像在踏步(如图3-4所示)。

(五)觅食反射(rooting reflex)

在轻轻叩击婴儿的腮或口唇时,他会将头转向你的手,这有助于他授乳时寻找乳头。

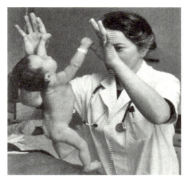

图 3 - 2 抓握反射

图 3 - 3 摩罗反射

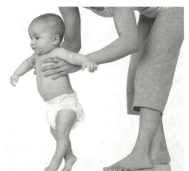

图 3 - 4 踏步反射

（六）强直性颈反射（tonic neck reflex）

当新生儿躺着时，把他的头转向左侧或右侧，他就会伸出与头转向一致的那个手，而把相反方向的手臂和腿蜷曲起来，仿佛摆出击剑者的姿势（如图 3 - 5 所示）。实际上，这是婴儿吃奶最好的姿势。这个反射约在婴儿出生后两至三个月消失。

（七）巴金斯基反射（babinski reflex）

当轻轻地抓或刺激婴儿的脚心时，就会引起其脚趾向上张开的动作（如图 3 - 6 所示）。约在婴儿 8—9 个月时，这个反射就会逐渐消失。

图 3 - 5 强直性颈反射

（八）游泳反射（swimming reflex）

当婴儿浮在水中时，会呈现像游泳般的手脚动作，并且会屏住呼吸以保持浮力。此反射动作约在婴儿 4—6 个月后消失。此外，当托住新生儿的腹部时，他就会做出像游泳样的动作（如图 3 - 7 所示）。这种反射可能也是种系发生过程中遗传下来的，与个体在母体内的液态环境有关。这种反射约在出生后 6 个月以后消失。

图 3 - 6 巴金斯基反射

图 3 - 7 游泳反射

原始的条件反射是婴儿出生时就具备的一种能力，它源于脑干，是大脑中存在的最原始、最低级的部分。婴儿时期较高级的神经中枢系统未发育完全，因此无法形成高级思维。原始的条件反射对婴儿未来的成长具有非常重要的影响,一般在婴儿出生6个月之后逐渐消失,这就意味着原始的条件反射完成了婴儿早期生命维系及发育使命后会逐渐被更高级的中枢所抑制或控制,最终被姿势反射所代替。如果原始的条件反射在婴儿出生6—12个月后依然存在,就会影响其大脑及中枢的部分或全部功能。如果婴儿出现原始的条件反射未整合的现象,那有可能是神经系统中枢未成熟、结构存在缺陷导致的。这将会导致婴儿接收和整理信息困难,从而使其产生一系列如注意力不集中、交流障碍、学习障碍、四肢不协调、多动、退缩、有暴力倾向或愤怒等问题。[①]

二、0—6个月婴儿感知觉发展的特点

(一)视觉

视觉是人类接收信息最主要的感觉。研究表明,胎儿的眼部肌肉在母亲怀孕早期已经开始发育,20周的胎儿已具备视觉反应能力。此时,如果用一束光照射母亲的腹部,胎儿会用手挡住眼睛不看光,这表明胎儿已经开始出现了视觉。

1. 视敏锐度

视敏锐度是指视觉系统分辨最小物体或物体细节的能力,也就是我们通常所说的"视力"。新生儿的眼睛聚焦能力弱,因此,他们的视力远不如成人,他们在20英尺(约6米)能看清的物体,相当于正常成人看到的600英尺(约183米)远的物体。总体而言,视觉是新生儿所有感觉发展最慢的一项,在很大的范围内,新生儿看见的物体都是模糊不清的,此时,他们的最佳注视距离是15—25厘米。3个月的婴儿,头和眼已有较好的协调性,其视听与记忆能力已经建立了联系,当听见声音时能用眼睛去寻找。

2. 注视和追视

1个月大时,婴儿的双眼开始出现了视轴集中现象,开始能注视物体。婴儿最初注视的时间很短,距离也很近。如把烛光放在距离婴儿两三米远的地方,15—20天大的婴儿可以注视几秒钟,移至四五米远就看不到了。1个月以后,婴儿注视的距离越来越远,集中的时间也越来越长,两个月的婴儿能注视房间内距离较远的活动中的人,注视时间可达两分钟左右。

研究表明,婴儿倾向于选择一定的图形加以注意,并且对复杂的、社会性的图形注视的时间较长。范茨(Fantz)于1961年开始,用一个极简单的方法来探讨婴儿对视觉图形(visual pattern)的辨识能力。研究人员让婴儿仰卧在一个小屋里,小屋顶端有一

图3-8 婴儿正注视着自己的母亲

个小观察孔，研究人员可从此孔观察婴儿眼光注视的方向。小屋顶端内面的婴儿可见之处，研究人员在左右两边各放置一张图形。研究人员可以由婴儿注视左右两张图形的时间来推断：第一，婴儿是否能分辨不同的图形；第二，婴儿是否对一些图形较为偏好。该项研究发现，出生4天的婴儿已具备区分不同图形的能力，并且偏好复杂图形。

出生两个月的婴儿，随着注视能力的发展，开始能把视线从一个物体移至另一个物体。例如，婴儿起初在注视着床头悬挂的彩图，当听到母亲呼唤时，便转过头来注视站在床边的母亲的脸。3个月时，婴儿的视线还能跟随注视的对象而移动，当他仰卧时，可以对左右及上下移动的物体进行追视。这时婴儿的眼睛已经能看见8毫米大小的东西，双眼能随发光的物体转动180度，眼睛更加灵活，对妈妈的脸能集中而持久地注视。5个月的婴儿便可以进行全方位的追视了。6个月的婴儿能两眼追找玩具，比如，当婴儿的手里拿一块积木时，如果家长再给他第二块，他能注视随后出现的这块。

3. 颜色视觉

颜色视觉是指区别颜色细微差异的能力，也称辨色力。出生时，新生儿已有了颜色视觉，然而，此时他们的颜色视觉还很弱，仅能够分辨灰黑色和白色的色调。因此，相对于五颜六色的彩图而言，新生儿更加偏好黑白两色对比强烈的图案。接近3个月时，婴儿能够辨别彩色与单色，并且会对色彩很有偏爱，往往喜欢看那些明亮鲜艳的颜色，尤其是红色，不喜欢看暗淡的颜色。如用各种颜色的奶瓶给婴儿喂食，只有红色的奶瓶中有奶，连续几次，婴儿只会对红色反应。4个月时，婴儿的颜色感知能力已接近成人，他们不但能根据明度辨别颜色，还能根据色调辨别颜色，对色彩有所偏好，喜欢看鲜艳明亮的颜色，如红、黄、蓝、绿、橙等，不喜欢看暗淡的颜色。到了5个月，婴儿能感觉颜色的深浅。因此，成人应为这一时期的婴儿选择色彩鲜亮、活泼的教玩具。当婴儿具有颜色视觉分辨力后，其颜

图 3-9　1—5个月婴儿的视觉发展①

---

① 图片来源：http://m.sohu.com/a/202325092_999940769？from＝singlemessage&isappinstalled＝0。

色感知水平可以从三个方面衡量：能否进行颜色配对（配对），能否在成人说出名称后指认出正确的颜色（指认），能否看到颜色说出名称（命名）。婴儿辨色能力的培养从4个月就可以进行，辨色能力的培养应该按照"配对—指认—命名"的顺序进行。

（二）听觉

听觉是婴儿在出生时发展得比较成熟的一项感知能力。研究发现，胎儿在4—5个月时对外界的声响就开始产生反应了，他们喜欢轻柔而舒缓的音调，并对母亲的声音和心跳声熟悉。婴儿出生后，当他们哭泣时，播放母亲的声音或者让他们在母亲的怀中听其心跳声，会使他们内心放松，平静下来，停止哭泣。新生儿能够区分声音的高低、强弱，而且具有声音的定向力。例如，在新生儿身边摇晃装有黄豆的瓶子，新生儿听到声响后会将头转向声音的发出方向，并用眼睛寻找发声物体。

4个月时，婴儿能够寻找声源，例如，成人将婴儿抱在怀里，在其耳侧15厘米处水平方向摇铃，婴儿能回头找到声源。5个月的婴儿具有从连续、复杂的言语流中提取规律的能力，他们可以从成人的语调中推断其情绪状态并加以回应，如对成人愉悦、柔和、高频率的语调报以愉快的表情，对成人严厉、低沉、生硬的语调感到焦躁不安。与此同时，他们可以分辨人类语言的几乎所有语音，到6个月时，婴儿开始"过滤"自己母语中不使用的语音。

（三）触觉

触觉是肤觉和运动觉的联合，是婴儿认识世界的重要手段，也是婴儿获得安全感和心理满足的重要途径。研究发现，大约3个月的胎儿就有了触觉，他们会在母亲的子宫中主动避开碰触到的危险，也会做诸如吸吮大拇指、抓握脐带等动作。5个月以后的胎儿，当母亲轻拍腹部时，甚至可以根据震动的来源，踢子宫壁与母亲进行互动。新生儿出生时就具有了敏锐的触觉反应，他们所具备的眨眼反射、觅食反射、吮吸反射、抓握放射、巴金斯基反射等原始的条件反射都是以敏锐的触觉为基础的，这些反射不仅为新生儿的生存提供了保障，也为他们的心理机能的发展奠定了基础。

1. 口腔触觉

口腔触觉是0—1岁婴儿探索世界的主要途径。6个月之前，婴儿手眼协调能力尚未发展起来，手的触觉敏锐度远不如口腔触觉。美国一位心理学家利用新生儿的口腔触觉测验其对母亲声音的识别能力。他将两个调小音量的耳机戴在新生儿的耳朵上，让新生儿吸吮带有橡皮奶头的奶瓶，奶瓶的另一端与一根皮管相连，新生儿吸吮奶头时会改变橡皮管的压力，从而触动录音机的选择开关，录音机有母亲的声音录音及其他录音可供选择。研究显示，新生儿经过一段时间的尝试，发现自己可以通过改变吸吮速率

图3-10 婴儿在吸吮奶头的过程中获取安全感

控制录音的播放，他们便学会了选择播放母亲录音的吸吮方式。这个实验说明新生儿的口腔触觉有助于提高他们的学习能力。在婴儿手眼协调之前，他们不具备将物体放入口腔中进行探索的能力，因此，0—6个月婴儿口腔触觉的主要对象是母亲的乳头或者奶瓶的奶头。这个时期的婴儿吸吮奶头除了满足生理需要，还可以为其提供安全感和爱的需要。当婴儿受到惊吓哭闹不止时，母亲常常可以通过哺乳尽快地安抚他们的情绪，使其安静下来。

2. 手的触觉

婴儿在3个月前，手指虽然能伸展，但大部分时间是攥紧拳头，或随同手臂和脚一起乱伸乱动的，他们只能做一些散漫杂乱的动作。3个月起，婴儿开始有一种不随意的抚摸动作，他们无意地抚摸着襁褓或被褥，抚摸着母亲或其他偶然碰到的东西，也抚摸着自己的小手，这种抚摸动作就已经是一种认识活动了。此时的婴儿在抚摸物体时，眼睛并不看着手，看其他东西时手也不会去拿，眼与手的动作是不协调的。在婴儿多次抚摸物体，偶然眼睛看到手时，他们的头脑里就形成了感觉（触觉、视觉）与运动之间的联系。

4—5个月时，婴儿看到东西就想伸手去抓抓摸摸，当然不一定抓得住、拿得稳，因为这时婴儿对空间位置的辨别力尚差，距离知觉还不够精确。经过不断练习，同时由于"坐"的姿势的发展，使视线容易和手接触，手、眼就开始协调起来。随意的抓握动作的出现，标志着手的动作的一个重大发展。为了抓握物体，婴儿除了需要把抓握的对象从周围其他事物中区分出来外，还需有手眼的协调和五指的分化。

婴儿最初的抓握运动，通常不是手指的动作，而是整个手掌一把抓，到5—6个月左右，大拇指才逐渐和其他四指相对起来，这是向真正人类的手的动作发展的第一步。因为这样，人才能按照对象的特点去拿它，手才能灵活运动，才能使用和创造工具，才能随心所欲地拿到较为细小的东西。到5—6个月时，由于手眼的协调，婴儿看到物体就能准确地抓住的成功率达到20%左右，到第8个月时，成功率才达到100%。

图3-11　瓜状抓握　　　　图3-12　钳状抓握

（四）知觉

在婴儿出生的头半年中，各种知觉就已开始发展。研究表明，婴儿具有形状知觉、深度知觉、时间知觉等。假如把东西移向婴儿的脸，他们会做出非常确切、协调的防御动作，如头会向后靠,这表明婴儿具有机能性的知觉系统。

1. 形状知觉

1961年,心理学家弗朗茨通过实验证明,出生十几天的新生儿就能分辨物体的形状了。随着婴儿年龄的增长,他们越来越喜欢复杂且对比性强的形状。例如,有两个棋盘,如图3-13和图3-14所示,左边一个是大格子的,右边是小格子的,出生三周的婴儿喜欢看左边那个构图简单的大格子棋盘,而出生8—14周的婴儿则更喜欢看右边那个构图复杂的小格子棋盘。所谓对比性,就是指图形上可对比深色和浅色部位的数量的多少,如:左边大格子棋盘,因为格子大,可以对比的数量少,其对比性就小;右边的小格子棋盘的对比性就大。又如,有两个图形,左边的有黑白格,而右边的是一个灰色的完全没有对比性的图形,把这两个图形拿给出生几周的新生儿看,他们明显喜欢看左边那个像棋盘的、对比性大的图形。因此,父母在给婴儿挑选玩具时应注意循序渐进的原则,即从简单到复杂,不要总是停留在形状简单的玩具水平,这样才能满足婴儿日益增长的视觉刺激需求。

图3-13 大格棋盘图   图3-14 小格棋盘图

利用眼动仪记录不同月龄的婴儿观察几何图形和人脸图时的眼动轨迹可以发现,1个月内的婴儿视觉探索局限于单一的刺激。例如,婴儿在看一个图形时,他们只能注意到图形中的单个特征,如一个角,还不能对整个图形加以感知。而2个月的婴儿就能彻底地探索整个图形的内在特征,并对图形的各个部分进行整合(如图3-15所示)。

同样,一个月的婴儿在看一张人脸图时,起点在人脸的下颌处,终点在人头发的上方,他们所注意的图形部位是分散的、没有整合的,还不能对整个人脸进行观察。2个月的婴儿在看人脸时,起点在图形中头发的上方,经过右眼、嘴,最后在左眼结束,这就是说,他们已经能够把人的面孔的各部位加以整合,对整个面孔进行感知了(如图3-16所示)。

2. 深度知觉

深度知觉是指判断物体间的距离以及自身与物体之间距离的能力。深度知觉对于婴儿探索周围环境、保护自身安全具有重要的意义。为了探明婴儿深度知觉的发生及发展状况,沃克和吉布森曾设计了婴儿深度知觉测量装置——"视觉悬崖"(如图3-17所示)。它是由一张高1.2米,顶部覆盖树脂玻璃的桌子构成。桌子由"浅滩"和"深渊"两个部分构

A

1个月婴儿只盯着三角形的一个角，2个月婴儿能看整个边

图 3 - 15　不同月龄婴儿观察几何图形的眼动轨迹

B

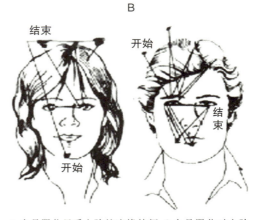

1个月婴儿只看人脸的边缘特征，2个月婴儿对人脸上明显部位的特征加以扫描

图 3 - 16　不同月龄婴儿观察人脸的眼动轨迹

成，"浅滩"部分位于玻璃下的桌面，由红白格图案组成，"深渊"部分位于垂直于桌面下的地板上，颜色与图案与前者相同。"浅滩"与"深渊"之间有一块 0.3 米宽的隔板。研究者发现，当把 6 个月大的婴儿放在玻璃板上，让其母亲在另一边招呼婴儿时，发现婴儿会毫不犹豫地爬过"浅滩"，但却不愿意爬过看起来具有危险的"深渊"。因此，研究者认为婴儿已经具备了深度知觉。

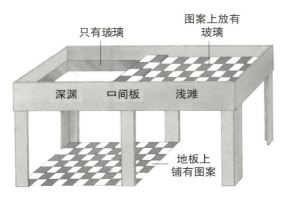

图 3 - 17　视觉悬崖

3. 时间知觉

　　时间知觉是个体对客观现象延续性和顺序性的反应。婴儿主要依靠生理上的变化产生对时间的知觉。克拉奇对新生儿出生后 16 天的喂奶前后静脉血白细胞进行计数分析发现，到第 8 天时，新生儿已建立了对吃奶时间的条件反射，在吃奶时间即将来临时，其消化系统血液中白细胞数明显增多。这可能是人生最早的时间知觉的表现，是根据"生物钟"（生物节奏周期）所提供的时间信息而形成的。

三、0—6个月婴儿思维发展的特点

0—1岁是人类思维发生的准备时期,这个阶段婴儿的思维处于知觉概括水平,他们主要通过感知觉来认识和探索周围的世界。第二章中我们曾介绍了皮亚杰的认知发展阶段理论,他将儿童认知的发展分为感知运动阶段(0—2岁)、前运算阶段(2—7岁)、具体运算阶段(7—11岁)和形式运算阶段(11岁以后)。皮亚杰把感知运动阶段又划分为六个子阶段,分别为:简单反射阶段,也称之为反射练习期(出生—1个月);初级循环反应,也称之为习惯形成期(1—4个月);二级循环反应,也称之为目的动作形成期(5—8个月);二级循环反应的协调,也称之为手段目的分化期(9—12个月);三级循环反应,也称之为智慧形成期(12—18个月);心理表象,也称之为智慧综合期(18—24个月)。从刚出生时婴儿仅有的诸如吸吮、哭叫、视听等反射性动作开始,随着大脑及机体的成熟,在与环境的相互作用中,到此阶段结束时,婴儿渐渐形成了随意有组织的活动。0—6个月的婴儿正值感知运动的第一至第三阶段,具体特点表现如下。

(一)简单反射阶段(出生—1个月)

皮亚杰认为先天反射是婴儿思维产生和发展的基础,不同的先天反射是婴儿身体发展和认知活动的中心,决定了婴儿与世界交互作用的性质。皮亚杰认为,凡是适应性行为都是智力行为,先天反射虽然是婴儿与生俱来的能力,但是它们也是婴儿应对各种外部和内部刺激的反应行为,是一种适应性行为,也是一种智力行为。例如,一个新生儿由母乳和奶粉混合喂养,那么两周后,这个婴儿便学会根据进食时碰触到的是母亲的乳头还是奶嘴来改变吮吸的方式。这段时间里,婴儿的反射帮助他们将自身的经验与世界的本质相顺应。

(二)初级循环反应(1—4个月)

初级循环反应是感知运动阶段的第二子阶段,发生在1—4个月婴儿的身上。这个时期的婴儿将单一的、个别的行为协调成整合的活动,加以重复,通过循环反应获得对行动的自主控制。之所以称为初级循环反应,是因为这些被反复的活动多是由发生在婴儿身上的偶然事件引发的。例如,一个婴儿偶然间将自己的大拇指放在嘴里,开始吮吸,吮吸的过程给婴儿带来了愉悦感和满足感,后来,他就不断地重复这一行为。这一动作就代表了一种初级循环反应。此外,该时期的婴儿还具有一定的预见能力。例如,一个3个月的婴儿因饥饿而大声哭喊,此时,母亲走过来抱起他,把他放到怀里,他立即破涕而笑,因为他知道这是母亲平时哺乳常用

图3-18 吮吸的过程给婴儿带来了愉悦感和满足感

的姿势，母亲要开始为他喂食了。

（三）二级循环反应（5—8个月）

皮亚杰认为婴儿感知运动发展的第三个阶段发生在5—8个月，这个阶段的婴儿逐渐实现手眼协调，并且能坐起来抓取和操作自己喜欢的物体，这将为婴儿主动探索世界奠定良好的基础。二级循环反应阶段的婴儿通过随机活动引发了愉快事件，然后他们试图重复这一活动，此时，他们的活动不再如初级循环反应阶段一样仅仅局限于自身，而是包含了与外界有关的行为活动。例如，一个6个月的婴儿偶然碰到了挂在床前的摇铃，摇铃发出了悦耳的声音，引起了他的兴趣，接下来的几天中，他试图重复使用"抓握"、"摇晃"的方式来操作摇铃，使摇铃发出声响。这个过程中，婴儿建立起了"摇晃"这一

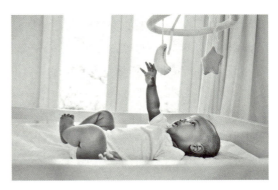

图3-19　婴儿试图重复"抓握"摇铃

感知运动图式。此外，这个阶段的婴儿发现自己能够通过发出声音引发周围人的反应，因此，婴儿开始模仿他人的发音，并使之成为一种二级循环反应，这将有助于婴儿语言的发展和社会关系的形成。

四、0—6个月婴儿记忆发展的特点

人是什么时候开始产生记忆的呢？为什么我们只能回忆起幼儿早期的记忆？婴儿期没有记忆吗？现代研究表明，人的记忆产生于胎儿期，习惯化（hubituation）为研究人类记忆的起源提供了一个窗口。习惯化是指由于重复刺激所造成的反应强度的逐渐降低，主要表现为个体的心率和呼吸的降低，说明个体对刺激已经习惯，失去了兴趣。当另一个新刺激呈现时，个体的心跳和呼吸会恢复到高水平，这个过程称为恢复（recovery）。法国研究者在对胎儿学习的习惯化研究中发现，9个月的胎儿在听到母亲腹部前呈现的新的音节刺激时，会出现心跳短暂、明显的变化，随着音节刺激的不断重复，胎儿的

图3-20　婴儿在母亲怀里，情绪愉悦

心跳变化逐渐泯失，可见9个月的胎儿已经能分辨不同音节的差异，并产生习惯化，此时，胎儿已经产生了记忆。

0—6个月的婴儿记忆保持时间随着月龄的增加而增长，出生两天的新生儿能够模仿成人伸舌、张口和噘嘴等表情动作。1—2个月的婴儿经过日复一日的训练，可以积累信

息形成长时记忆,3个月的婴儿相隔192小时(8天)以后重新学习旧"知识"时,出现了"重学节省"现象,这表明婴儿3个月时已具备了8天之久的长时记忆。民间有"三月识母"的说法,意思是3个月的婴儿能够认出自己的母亲。3个月的婴儿虽然视觉能力尚未发育完全,但是他(她)能够通过味觉、听觉、触觉等形象记忆记住母亲的形象,当母亲抱着他(她)时,他(她)会表现出特别愉悦的情绪状态。此外,人们还可以利用操作性条件反射训练婴儿,而且训练效果的保持时间逐渐增长。例如,研究者在2至6个月大的婴儿的床上方悬挂美丽、能转动的风铃,给婴儿的一条腿上系住一条带子,带子的另一端与风铃的装置相连。每次婴儿的腿活动时,风铃由于带子的晃动而发出叮咚响声并转动起来。于是,婴儿不断地踢腿,以使玩具发出响声和转动,风铃的变化引起婴儿的注意和兴趣。研究发现,3个月的婴儿在训练一周后仍然记得如何使风铃活动起来,到6个月时,保持的时间增加到2周。即使3到6个月的婴儿忘记了这一操作反应,他们只需要一个短暂的提醒如成人晃动风铃的动作,便可恢复记忆,而且恢复的记忆能保持更长的时间。因此,这个阶段,成人可以利用风铃、彩球等材料自制玩具,让婴儿通过这些活动来培养记忆力、推理能力。

案例与分析

开 灯 游 戏

　　果果6个月的时候,妈妈经常陪她玩开灯关灯的游戏。每次开灯(灯亮了),妈妈就会说"开灯",每次关灯(灯灭了),妈妈就会说"关灯",看着灯一会儿亮,一会儿暗的样子,果果很开心,她很喜欢和妈妈玩这个游戏。有一次,妈妈出差一周,回家后和果果说"开灯、关灯"的时候,她仍然记得这个游戏,咯咯地笑了,快乐地舞动着双手,并看着天花板上的灯。

　　分析 从案例中我们可以发现,6个月的婴儿已经能记住熟悉的物品的名称,听到熟悉物品的名称能寻找,并用眼睛注视,即便间隔1—2周没有进行巩固,经过大人的提醒,他(她)依然能很快回忆起。

五、0—6个月婴儿注意发展的特点

　　注意是指人的心理活动的指向和集中。注意不是独立的心理过程,是感觉、知觉、记忆、思维等心理过程的一种共同特性。婴儿在出生时就具备了注意的能力,但此时他们的注意与成人有所不同。新生儿最初的注意是在无条件反射基础上产生的,表现为定向反射。定向反射是由情景的新异性所引起的一种反射,它为人和动物共有。当环境中出现某种新刺激物时,人们不由自主地去注意它,这就是无条件定向反射。例如,新生儿听到巨响或者看到强光时会对这些刺激加以注意。以后,在无条件定向反射基础上,可以发展为条件性定向反射,如随着月龄的增长,婴儿开始表现出选择性注意,对人脸的注意多于其他事物,并对周围的环境表现出主动探索、探究等行为。

(一)1—3个月婴儿注意的发展

1—3个月的婴儿相对于新生儿而言清醒的时间更长了,能与外界事物进行交流互动的机会也更多了。此时的婴儿选择性注意得到了进一步发展,他们的注意已经明显地偏向曲线、不规则图形,对称的、集中的或者复杂的刺激物以及所有轮廓密度大的图形,具体表现为:

① 偏好复杂的刺激物;

② 偏好曲线多于直线;

③ 偏好不规则图形多于规则图形;

④ 偏好轮廓密度大的图形多于密度小的图形;

⑤ 偏好具有同一中心的刺激物多于无同心的刺激物;

⑥ 偏好对称的刺激物多于不对称的刺激物。

(二)4—6个月婴儿注意的发展

4—6个月婴儿头部运动自控能力加强,扫视环境更加容易,双手的触摸和抓取技能更加精确和稳定,从而提升了他们的信息获取能力,以及探索和学习的驱动力。婴儿对物体观察和操作能力的发展提高了注意的品质,这一阶段婴儿的注意具有以下几个特点:

① 视觉注意能力在原有的基础上进一步发展,平均注意时间缩短;

② 偏爱更加复杂和有意义的视觉对象;

③ 可看见和可操作的物体更能引起婴儿持久的注意。

案例与分析

婴儿的注意

场景1:在果果1个月大的时候,当爸爸拿着颜色鲜艳的婴儿布书在她的小床上方平缓移动时,她能追视。但是,当爸爸绘声绘色地给她讲书里的故事时,她只是转头看着爸爸的嘴,没有特别的反应。

场景2:果果2个月了,一天清晨,爸爸把她抱在怀里,拿出婴儿布书,声情并茂地给她讲了起来。她一边注视着书中爸爸手所指的地方,一边听着爸爸讲故事的声音,时不时发出愉悦的笑声。

分析 由此可见,新生儿最初的注意是一种定向反射,它是由情景的新异性所引起的一种反射,因此,新生儿很适合做追视、追寻声源的教育活动。随着月龄的增长,两个月的婴儿的选择性注意得到了发展,能够关注成人指向的事物,并开始将声音和形象联系起来。此时,成人可以对婴儿开展多感官参与的更为复杂的游戏活动了。

第二节 0—6个月婴儿认知发展的教育活动指导

一、0—6个月婴儿认知提升重点

(一)新生儿认知提升重点

睡、哭、吃是新生儿的主要活动,在这些活动中,他们的大脑迅速发育。新生儿对排泄形成了条件反射,每当便尿时会做出相应的表示,每天占用时间最多的活动是"睡",清醒时使用最多的感觉是视觉、听觉和触觉。听声音、吃奶中的交流、训练追视和注视、抓握训练、学习抬头是新生儿认知提升的重点。

(二)2—3个月婴儿认知提升重点

2—3个月是婴儿脑细胞生长的第二个高峰期,这个阶段的婴儿能竖直向四周张望,仰卧时能用眼及头跟随红球转动180度;侧转90度翻身,双手开始张开,并能将双手合在一起;他们开始咿呀学语,喜欢与父母交流,开始认识妈妈,显示出对妈妈的偏爱。这个阶段认知提升的重点是:认妈妈、追视训练、寻找声源等。

(三)4—6个月婴儿认知提升重点

4—6个月婴儿生长发育迅速,较前3个月又有了很大的发展。这个阶段婴儿的体重每月平均增长500—600克,眼睛转动灵活,喜欢东瞧西望,经常笑出声音,清醒的时间更长,开始明显地表现出愿意与他人交往的意愿;能抓住近处的玩具,并寻找失落的玩具,听到自己的名字能回头,会和成人玩躲猫猫的游戏。这个阶段婴儿认知提升的重点是:认识亲人、实现手眼协调、知道自己的名字、与成人进行互动游戏。

二、0—6个月婴儿认知发展的教育促进

(一)新生儿认知教育的方法

1. 视觉能力开发

(1) 看光亮

方法:用一块红布蒙住手电筒的上端,开亮手电筒。将手电筒置于距婴儿双眼约30厘米远的地方,沿水平和前后方向慢慢移动几次。

目的:吸引婴儿注视灯光,以进行视觉训练。

注意：最好隔天进行 1 次，每次 1—2 分钟，不可用手电筒直接照射婴儿眼睛。

（2）看玩具

方法：在婴儿床的上方 60—70 厘米处悬挂彩色气球、彩带、玩具等，想办法吸引婴儿的目光。

目的：训练婴儿注视某一物体的能力。

注意：当婴儿清醒时，用鲜红色的玩具逗引他，看他有无视觉反应——眨眼。当婴儿看到后，再慢慢地以弧形为路径移动玩具（每秒移动 7—8 厘米），让他的视线追随玩具移动的方向。

婴儿在刚出生时能够看得见，但是无法看得清楚，因为婴儿尚未取得双眼焦点固定于单一物体的技巧，也尚未培养出诸如深度知觉等更复杂微妙的视觉技巧，这些游戏可以促进婴儿的视觉发育。

2. 听觉能力开发

响铃

方法：在婴儿头部两侧摇铃，节奏时快时慢，音量时大时小。边摇边说："铃！铃！铃！铃儿响叮当！"先不要让婴儿看到摇铃，要观察其对铃声有无反应（如听到铃声停止哭闹或者动作减少等），再训练婴儿根据铃声用眼睛寻找声源，每天 2—3 次。

目的：检验听力，提高视听能力。

注意：铃声不可过响，否则影响婴儿听力。

3. 触觉能力开发

触觉试验

方法：轻触婴儿手心或眼睑，观察婴儿的反应。

目的：刺激婴儿的触觉发展。

注意：让婴儿触及的物品不可太冷或太热，以免伤到婴儿。

4. 味觉与嗅觉

味觉与嗅觉试验

方法：将甜、酸、苦等各种味道的水放入婴儿口中，观察婴儿做出的不同反应。让婴儿闻香味、臭味以及刺鼻的味道，观察其反应。

目的：刺激婴儿的味觉及嗅觉功能。

（二）2—3个月婴儿认知发展的教育促进

1. 注意力训练

找声源

方法：拿一个拨浪鼓，在距离婴儿前方 30 厘米处摇动，当婴儿注意到拨浪鼓响时，对他说："宝宝，看拨浪鼓在这儿。"让婴儿的眼睛盯着拨浪鼓，张开手想抓拨浪鼓。休息片刻，在婴儿的后方，让他看不到你的脸，拿这个拨浪鼓摇动，稍停一会儿再问："拨浪鼓在哪里呢?"再分别将拨浪鼓慢慢地移到婴儿能看到的左右方摇动。

目的:训练婴儿的听觉注意,并能根据声音辨别方向,从而培养其语言能力。

注意:观察婴儿的眼、口、手的动作,看婴儿对声源方向的反应。

2. 视觉能力开发

奇妙的黑白图

方法:将黑白图案贴在婴儿看得见的地方(约 25—30 厘米距离),如墙上、婴儿床上甚至妈妈身上都可以,每次展现的时间约 20—30 秒,时间一到马上收起来。由大方格到小斜方格,一天看一种,有机会就玩,越多越好,每隔三四天才换另一面。

(三) 4—6个月婴儿认知发展的教育促进

1. 记忆能力开发

听儿歌做动作

方法:和婴儿面对面坐,念儿歌:"小老鼠上灯台,偷油吃,下不来,叽叽叽,叫奶奶,奶奶不肯来,叽里咕噜滚下来。"每次念到"叽里咕噜"时把婴儿轻轻向后推一推,成为习惯后,每次当念到"叽里咕噜"时,婴儿会自己向后跃起。这说明婴儿听懂了"叽里咕噜"是动作的信号,而且记住了这个信号。

目的:让婴儿通过听儿歌做动作记忆一种声音,在这种声音出现时婴儿能主动地做一种动作,以锻炼声音与动作联系的能力。

2. 听觉能力开发

系铃铛

方法:在婴儿的手腕系上带有一两个铃铛的缎带,举起他的手臂,轻轻摇晃,铃铛会发出声响。假如婴儿注意到这个声音,他可能会开始摇动手臂再听一次。接下来再将缎带系到他的另一只手腕上,然后放到脚踝上,婴儿会新奇地发现这个游戏真有趣。

目的:锻炼婴儿的听力和反应,还可以在愉悦的氛围中进一步加深亲子情感。

注意:游戏时一定要确认铃铛被安全地固定在缎带上,不能让婴儿独处,以免铃铛脱落后被婴儿误吞或发生其他危险。

3. 观察能力开发

找特点

方法:生活中,婴儿总是能找出某处的不同之处,并加以关注。例如,婴儿在成人的怀抱中会用小手不停地摸索,感受妈妈衣服上的绣花、拉链、漂亮的扣子,项链上的玉坠等,或是爸爸的领带、胡子等。婴儿也会在床上找到某个固定的部位来踢蹬。成人可鼓励婴儿自发地找到"新奇"的物体,用笑、拥抱、亲吻等作为奖励,从而使婴儿的观察行为以及好奇心得到激励。

目的:培养婴儿的观察力,保护婴儿的好奇心。

4. 思维能力的开发

藏猫猫

方法：妈妈抱着婴儿,用毛巾蒙住爸爸的脸问:"爸爸在哪儿?"爸爸揭开毛巾说:"我在这儿,喵喵!"再毛巾蒙住婴儿的脸说:"宝宝在哪儿?"帮婴儿拉开毛巾说:"我在这里!就在这儿!"

目的：让婴儿感知毛巾后面有人,明白看不见的东西有可能是被挡着了,可以用手翻开去寻找,以此培养婴儿的客体永久性。

拓展阅读

婴儿认知能力培养

根据神经学研究和其他研究的发现,我们提出了下列培养婴儿和幼儿认知发展的指导建议:

在刚出生后几个月,给婴儿提供感官刺激,但要避免过度刺激和分散注意力的噪声。

当婴儿长大一点后,创造一个有利于学习的环境,包括书本、能吸引注意力的物体(并不一定非得是昂贵的玩具)和供孩子玩耍的场所。

对孩子发出的信号给予回应。这样做能帮助孩子建立一种信任感,认为世界是友好的,并给孩子一种能控制自己生活的感觉。

给婴儿提供能改变形状或能移动的玩具,让他们知道自己有能力带来变化。帮助孩子发现拧动门把手可以打开门,按下开关可以开灯,打开水龙头便会流出洗澡水。

给孩子自由探索的空间。白天不要总是把他们限制在婴儿床、弹跳座椅或小房间内,提供给他们在游戏围栏内玩耍的时间不要太短。孩子想探索周围的环境,那就让他们这样做吧!

经常对婴儿说话。听收音机或看电视不能使他们学会语言,他们需要和成年人交流。

在与孩子说话或玩耍时,要随时关注孩子感兴趣的事物,而不是设法把他们的注意力转移到其他地方。

安排学习基本技能的机会,例如标记、比较或将物品分类(比方说,通过大小和颜色)有序摆放,观察行为产生的结果等。

当孩子学到新技能时,要表示赞赏,并帮助他们进行练习和拓展。在孩子附近观察,但不要徘徊。

从孩子小时候便开始用温暖、关爱的语气给他们读书。大声阅读和对故事进行讨论有助于培养孩子的早期读写能力。

尽量避免惩罚孩子。不要惩罚或嘲笑、奚落孩子正常的试误探索。

祺祺今年3岁了,却只能叫妈妈,他的语言和智能都严重落后于同龄的孩子。祺祺还有个哥哥,妈妈平时需要照顾两个孩子,还要操持家务,特别繁忙。基于这样的情况,祺祺从出生开始,就经常被放在摇篮里,没有人和他说话、互动,导致他错过了语言发展的关键期。社区干部在了解到这个情况后,积极联系专业教师对这个家庭开展入户指导,经过半年的家庭教育指导和早期干预,祺祺的语言和智能得到了进一步发展。

分析 祺祺的发展滞后与他早期缺乏人际互动有关。0—6个月的婴儿虽然没有语言输出,但是这个阶段是他们语言习得的关键期,有效的听觉、视觉、触觉刺激,以及频繁的亲子互动将为他们发展语言、认知提供可能性。党的二十大报告强调,我们应深入贯彻以人民为中心的发展思想,在幼有所育、学有所教上持续用力,全方位改善人民生活。案例中社区干部的做法值得推广。

本章小结

0—6个月是人类认知发展最为迅速的时期,新生儿从出生的那天起就具有强烈的好奇心和求知欲,他们能够运用与生俱来的感觉、知觉、记忆、思维等认知能力探索世界。早期教育对0—6个月婴儿认知能力的促进与开发具有重要的作用,它使婴儿的智能得到充分的发展,而不仅仅停留在本能的层次。通过本章学习,我们应全面理解对0—6个月婴儿开展认知教育的意义,掌握0—6个月婴儿各项认知能力发展的特点及规律,并能在实践教学中开展认知能力开发训练活动。

思考与练习

1. 新生儿的原始条件反射对婴儿认知发展的意义有哪些。
2. 观察一名2—4个月婴儿的视觉集中与追随的特点,并记录下来。
3. 设计一个训练2个月婴儿视觉、听觉统合的活动。

第四章

7—12 个月婴儿认知发展与教育

学习目标

1. 掌握 7—12 个月婴儿认知发展的特点。
2. 能有效运用促进 7—12 个月婴儿认知发展的策略。

本章导览

```
                  7—12个月婴儿认知发展与教育
                              │
          ┌───────────────────┴───────────────────┐
    7—12个月婴儿认知                         7—12个月婴儿认知
     发展的特点                            发展的教育活动指导
          │                                       │
  ┌───────┬───────┬───────┐              ┌────────┴────────┐
7—12个月  7—12个月  7—12个月  7—12个月      7—12个月        7—12个月
婴儿感知  婴儿思维  婴儿记忆  婴儿注意      婴儿认知        婴儿认知
觉发展的  发展的    发展的    发展的        提升重点        发展的教育
特点      特点      特点      特点                          促进
```

本章导语

　　贝贝 8 个月了,他开始能够一边独立地坐着,一边手拿着自己喜欢的玩具摇晃。妈妈给贝贝准备了许多好玩的玩具,但是令人烦恼的是,贝贝总是把玩具塞到嘴里,而且啃得"津津有味",一点儿也没有放手的意思。

　　你们觉得面对这样的情况,妈妈应该制止贝贝吗?

图 4－1　贝贝总是啃玩具

第一节 7—12个月婴儿认知发展的特点

一、7—12个月婴儿感知觉发展的特点

（一）视觉

7个月开始，婴儿从躺着发展到坐着，视力范围从左右发展到了上下，婴儿大脑开始帮助他指挥两个眼球协调移动，把两眼的图像整合成一个，并能通过改变体位以协调视觉。例如，婴儿听到声音转过头，用视觉寻找背后声源。8个月时，婴儿的视力约为成人的2/3，假如正常成人视物距离为35厘米，那么8个月的婴儿则为24厘米。他（她）们开始具备判断距离的能力，能辨别物体的远近和空间，还可以辨别色彩、距离、体积等。伦敦认知发展和大脑研究中心的研究人员对6—8个月的婴儿进行了虚拟图像实验。在虚拟图像中，人们以为看到了一个完整的方块，其实只是方块的四个角显示出来的。他们在婴儿头上安置了电子仪，以确定婴儿看到这种奇怪图像时大脑活动的区域。最后发现，8个

图4-2　6—12个月婴儿的视觉发展①

---

① 图片来源：http://m.sohu.com/a/202325092_999940769？from＝singlemessage&isappinstalled＝0。

月的婴儿大脑活动区域与成年人看到同样图像时的大脑活动区域完全一样。由此可见，8个月婴儿尽管视力还是不如成人，但是已经具备了很多视觉能力。9个月后，婴儿能看到一些较为细微的事物，并能用手去捏，如捏妈妈的头发丝、葡萄干、小珠子等。此时，婴儿的视线能追随落下的物体，寻找掉落的玩具。

4—8个月的婴儿最喜欢波长较长的暖色调，如红色、黄色、橙色等，不喜欢冷色调，如紫色、蓝色；喜欢明亮的颜色，不喜欢暗淡的颜色。测定婴儿辨别颜色的方法有：视觉偏爱法、记录脑电活动、去习惯化、配色法。其中，视觉偏爱法在婴儿视觉研究中最为广泛，视觉偏爱法是由著名心理学家范茨创立的一种研究婴儿知觉的方法技术。他运用此方法的目的在于考察婴儿能否在视觉上区分两种刺激，即是否具有视觉分辨能力。在研究时，婴儿平卧于小床上，并可以注视出现在小床上方的两种刺激。两种刺激呈现时在空间上有一定的距离，使婴儿的视线无法同时聚焦于两个刺激，只有稍稍偏动头部，某个刺激才能完整地投入视线中。研究者在实验时，可以从这个特制装置的上方向下观察婴儿眼中的刺激物映象。一旦发觉婴儿注视某侧的刺激即按动相应一侧的按钮记录婴儿注视该刺激的时间。本方法的假设在于，如果婴儿能够在某个刺激物上注视更长的时间，说明他对该刺激有所"偏爱"，也就表明他区分了这两种刺激。

（二）听觉

在听觉的辨音方面，3个月大的婴儿只能分辨1 000赫兹频率的音，而6个月后的婴儿则能分辨所有频率的音。心理学研究显示，0—3个月的婴儿只能分辨低频音，而高频音则要到6个月后才能达到成人水平。在音强感知上，婴儿对于强度的敏感性逐渐发展，在6—18个月期间提高最快，10岁时与成人无异。7个月的婴儿能比较迅速地追踪声音。当听到收音机或者电视的声音时能立刻转头寻找声源。对他（她）说话或者唱歌时，他（她）会安静地注视，偶然还会发出声音来"应答"。对远处发出的不同声音也能主动寻找。9个月会模仿动物的叫声，对外界声音（如汽车发动声和行驶声、风雨声）表示关心（注意或将头转向声源）。开始理解"不行"、"放下"、"再见"等指令，并作出相应的行为反应，还能对细小的声音（如手表声）作出反应。11个月时，能模仿成人发音，听懂比较复杂的指令，如"把……给我"，能和着音乐的节拍摆动身体。

（三）触觉

出生的头一年，手的触觉和口腔触觉是婴儿探索世界的主要手段。6个月之前，婴儿的手眼协调能力尚未发展起来，手的触觉敏锐度远不如口腔触觉。当婴儿具备手眼协调的能力之后，他们就开始了积极主动的触觉探索时期。7—12个月的婴儿可以说是"手口并用"的时期，他们经常抓到东西就往嘴里塞。科普对8—9个月婴儿的探索行为进行分析研究后发现，当在婴儿面前呈现某个新物体时，他们会有三种反应：摆动手中物体并观看、口腔活动（嘴动）、用物体去敲击桌面或在桌面滑动。三种反应中，口腔活动最多。口腔触觉是0—2岁婴儿探索世界的主要途径，直到2岁之后，他们在探索活动过程中的口腔触觉才逐渐退居其次，被手的触觉所代替。因此，婴儿抓起东西就往嘴里放，实际上是利用口腔触觉探索世界的表现。弗洛伊德的心理发展理论指出,0—1.5岁的婴儿处于"口唇期",这一时期的婴儿主要依靠口腔部位的吸吮、咀嚼、吞咽等活动来获得满足和快乐。

婴儿手的触觉经历了两个阶段:手的本能性触觉反应阶段和视触协调阶段。7—12个月婴儿处于第二个阶段。赫恩特发现,7个月的婴儿看见新物体时,会用手抓,然后半转动手腕,使物体转动。哈里斯的研究发现,6—14个月的婴幼儿的视觉和触觉总是同步,看见东西总是会用手去摸,他们对于用视觉和触觉同时探索过的东西比仅仅是看过的东西更感兴趣。

(四)知觉

1岁之内婴儿的知觉从特异化神经通道信息机制的形成来看,首先是感觉发展的专门化与单一化,然后进步到多感觉通道信息特征的整合与分化。

孟昭兰将婴儿的感知觉发展分为3个阶段:阶段1(出生到4个月),婴儿通过五官感受外界刺激;阶段2(5—7个月),"视觉—听觉—运动觉"的联合活动发展,手眼协调,复合感知能力出现;阶段3(8—9个月),爬行与走动使婴儿的空间方位、深度知觉得以发展,手部精细肌肉的运动使婴儿的形状大小知觉得以发展。

坎波斯(Campos)和兰格(Langer)采用更为灵敏的技术对婴儿的深度知觉进行了研究。他们把2—3个月甚至更小的婴儿分别置于"视崖"的两侧,测量其心率的变化。结果发现,当婴儿在"悬崖"一侧时,他们的心率减慢;而放在无深度的一侧时,他们的心率并未减慢。实验者推测这很可能是婴儿把"悬崖"作为一种好奇的刺激来辨认。但是当他们把9个月的婴儿放在"悬崖"一侧时,发现婴儿的心率不是减慢了而是加快了。研究者推测这是因为婴儿已具有爬行的经验,由此而产生了恐惧的情绪,从而导致心率加快。卡普洛威茨(Caplovitz)和坎波斯(Campos)通过研究进一步发现,婴儿的爬行经验和他的逃避摔落的倾向之间有正相关。由此研究者认为,婴儿深度知觉的发展与其爬行经验有关。然而,雷德(Rader)等人则认为,婴儿的深度知觉的发展是由某种成熟过程决定的。他们在实验中发现,如果不是要求婴儿爬行,而是让他们借助学步车移动,几乎所有的婴儿都毫不犹豫地通过"悬崖"来到母亲身边。而且还发现学习爬行较晚的婴儿倾向于逃避摔落,而学习爬行较早的婴儿则不然。这些现象是无法用经验来解释的。由此雷德等人假定,婴儿对摔落的逃避行为是由一种内在的视觉运动程序支配的,如果视觉信息已表明个体面临一个坚硬的表面,那么这个程序就指导婴儿前进。如果这种内在程序的成熟早于爬行,那么婴儿逃避摔落的行为就主要是由视觉来调节的。如果婴儿爬行早于这种内在程序的成熟,那么婴儿逃避摔落的行为就主要是由手的触觉来调节的。[①]

关于知觉的先天性与后天性的问题,一直颇具争议,目前尚无定论。但无论如何,从

---

① 陈向阳.关于知觉的先天性与后天性问题的实验研究[J].天津师范大学学报(自然版),1999(1):23—30.

知觉的发展变化来说,知觉能力既受人的神经系统的成熟程度的影响,又受知识经验的影响。教师和家长既不能觉得知觉是婴儿天生的能力而忽视后天的培养和训练,也不能认为知觉能力是婴儿后天培养的而急于开发,操之过急。

二、7—12个月婴儿思维发展的特点

根据皮亚杰婴儿思维发展阶段论,7—12个月的婴儿处于次级循环反应的协调阶段,该阶段的婴儿开始将先前习得的图式进行协调、整合成新的更复杂的行动序列。到了次级循环反应协调阶段之后,婴儿行动的有意性加强,开始进行目标指向的行为(goal-directed behavior),即将几个运动图式进行合并和协调,用于解决简单的问题。

案例与分析

运动图式的合并和协调

一天,妈妈与8个月的圆圆玩球,妈妈想从圆圆手中将球拿走,但圆圆马上用手拍球,把球往自己的怀里揽,可是球滚走了。圆圆赶紧爬过去抓取并把球抱在怀里。

分析 在圆圆与妈妈争抢球的过程中,他通过拍球、爬行、抓取、抱球等动作将球拿回。在这个过程中,孩子必须协调四个图式,即"拍球"、"爬行"、"抓取"和"抱球"。皮亚杰把这些手段—目的行动序列看作是所有问题解决的基础。

一般来说,6个月大的婴儿便能够在成人的启发下初步理解两个相关事物之间的因果关系,如按动开关电灯会亮,摇动铃铛会发出悦耳的声响等。过不了多久,他们就会自己动手,验证这种因果关系了。9个月的婴儿,手的动作进一步复杂化,他们开始借助工具来达到目的。10个月时,婴儿出现了最初的词汇且能运用简单的词汇,这是他们建立对事物概念的基础。例如,一个10个月的婴儿在家里经常和父母玩开灯游戏,她学会了"灯"这个词汇,此后,她外出时看见与灯类似的发光的物体都会指着它并叫它"灯"。与此同时,婴儿的推理能力不断加强,他们能够通过观察成人的动作、行为来推测成人的意图,并作出相应的反应。例如,一个11个月的婴儿看见奶奶从椅子上站起来,拿起她的手提包,婴儿就立刻主动与奶奶挥手表示道别,可见,这个阶段的婴儿在人际交往中的推理能力逐步加强。

1岁的婴儿开始有了顺序的概念,而且他们很快还会发现顺序是可以随着自己的意愿发生改变的,此时,成人可以鼓励婴儿表达自己的要求,如先吃奶还是先玩。通过这样的选择可不断加深婴儿对时间和次序等抽象事物的理解。1岁以内婴儿的动作发展对其思维所产生的最大贡献是手眼协调的实现,因此,在这个阶段训练婴儿思维的重要途径是促进其精细动作的发展。

案例与分析

寻找阳台的路

　　琪琪 12 个月了,他很喜欢爬到阳台,然后靠在防盗网上看外面的风景。家里的大人怕存在安全隐患,就把客厅通向阳台的门关上了。琪琪见状,转头就向爸爸妈妈的卧房爬去,绕过床、梳妆台等障碍物,通过卧房与阳台相通的落地窗,顺利地爬到了阳台。

　　分析 通过以上的案例,我们了解到,12 个月的婴儿行动目的明确,有意性强,并能将先前习得的图式进行协调、整合,形成新的更复杂的行动序列,用于解决简单的问题。

三、7—12个月婴儿记忆发展的特点

(一)婴儿记忆保持的时间、牢固性不断增长

　　利科(Collie)和海恩(Hayne)对 6 个月婴儿进行的延迟模仿研究发现,他们在 24 小时延迟后平均能记住 5 种可能动作中的一项。在 9—11 个月,婴儿对实验事件的保持时间有了明显的、本质上的飞跃。9 个月的婴儿在 24 小时到 5 周的延迟后仍能记得单独的动作。在 10—11 个月的时候,记忆保持的时间可达到 3 个月。13—14 个月的婴儿则达到 4—6 个月。到 20 个月时,婴儿能够记住的时间达到 12 个月。与此同时,婴儿记忆的牢固性不断加强,即他们为了记住事件所需要的经验次数会发生改变。巴尔(Barr)等的研究发现,6 个月大的婴儿需要 6 次演示,才能在 24 小时内仍然记住事件,而 9 个月大的婴儿则只需要 3 次演示便能记住 24 小时之前发生的事情。所以,随着这个阶段婴儿学习能力的增强,他们能更轻松地进行图片记忆、识物、早期阅读等活动。另外,此时婴儿的社会认知能力也得到了加强,即便亲人离开半个多月的时间,回来时依然能很快地识别出来,并与他们亲近起来。

(二)婴儿的记忆对情境依赖性逐渐降低

　　6 月龄以下婴儿的记忆对情境是高度依赖的,对婴儿的训练与测验如果不是在相同的情境中进行,例如相同的风铃、房间,则他们的记忆非常差。换而言之,月龄小的婴儿记忆提取是高度依赖情境的。9 个月以后,婴儿记忆对情境的依赖性明显降低,大一些的婴儿和学步儿即使玩具的特征改变,或是测验的地点改变,他们也可以记住如何操作这个玩具。随着婴儿自己运动以及体验情境的频繁变化,他们的记忆变得越来越情境独立。

(三)客体永久性持续发展

　　客体永久性是指当一个物体从视野中消失之后,儿童并不认为物体不存在了,而是相信它仍然在某个地方。

客体永久性的建立还是个体心理表征萌芽的标志,而表征是概念形成中必不可少的重要环节。除此之外,客体永久性的能力,不仅需要表征被隐藏的物体,还需要某种有意识的外显的回忆能力。

皮亚杰认为,7—12月的婴儿,其客体永久性概念的获得大多处于二级协调反应阶段,即视线追随着在视线内消失的物体,但寻找时仍在原来的地方搜索。当某件物品被藏起来后,即使婴儿亲眼看到该物品被人拿到其他地方,他们还是会到第一次见到该物品的地方去寻找。皮亚杰称这种行为是 A 非 B 错误。

四、7—12个月婴儿注意发展的特点

6 个月以后,婴儿的睡眠时间较少,生活作息规律稳定,白天经常处于兴奋和警觉的状态。这时,婴儿的注意不再像以前一样表现在视觉方面,而是通过多种感知渠道以更广泛、更复杂的形式表现出来。

(一)婴儿的偶然注意多于专注注意

劳森(Lawson)等学者将婴儿的注意分为偶然注意和专注注意。其中,专注注意是婴儿集中注意主动察看和探索外界事物的学习行为,伴有外在行为的表现包括:专注的面部表情,手指探索转动玩具,外部动作和发声的减少,心电记录显示心率的减慢。冉霓等开展了相关的研究,研究记录给予 7—12 个月婴儿玩耍"车、球、书"各 90 秒,平均注意总时间为 28.8±12.9 秒,其中专注注意时间为 11.4±7.4 秒,偶然注意时间为 17.4±8.3 秒,专注注意时间短于偶然注意时间,差异有统计学意义($t=4.7$,$P=0.001$)。[1] 国外诸多学者的研究也指出婴儿期的注意以偶然注意为主。虽然该阶段婴儿的偶然注意时间多于专注注意时间,但是,并不代表婴儿的专注注意不能得到培养,相反,持久而深入的注意是婴儿未来从事学习活动的重要条件,因此,家长和教师应加以重视并耐心培养婴幼儿的专

图 4-3　玩具太多会使婴儿无法集中注意

---

① 冉霓,等.7—12 月婴儿注意的特点及与气质相关性的研究[J].中国儿童保健杂志,2011,19(07):625—627.

注注意。鲁夫(Ruff)等研究显示,一次获得单个玩具比一次获得多个玩具的婴儿的专注注意时间更长,获得多个玩具的婴儿的偶然注意时间更长。鲍秀兰等也指出,婴儿的身心发展水平还很低,容易集中注意玩1—2件玩具,如一次给予太多,则容易分心,不能培养起较持久的兴趣和注意力。因此,父母及教师一次不要给婴幼儿太多的玩具,一次投放1—2个为宜,否则不利于婴幼儿专注注意的培养。

(二)注意的选择性受经验的支配

这一方面是指因受到婴儿的客体概念的发展而导致物体表象的存在影响他们的选择性行为。7—12个月的婴儿的客体永久性概念发展大多处于二级协调反应阶段,即婴儿视线追随着在视线内消失的物体,但是,当某件物品被藏起来后,即使婴儿亲眼看到该物品被人拿到其他地方,他们还是会到第一次见到该物品的地方去寻找。因此,他们会选择那些观察得到的物体作为注意的对象。另一方面是指婴儿在社会交往中出现了对熟人和陌生人在整体上的辨别能力,表现为对熟人愉悦的关注和对陌生人警觉的选择性反应。当陌生人出现在婴儿身边时,他们会时刻保持高度的警惕,并密切注意对方的言行,对陌生人的接近表示反抗和恐惧。

第二节 7—12个月婴儿认知发展的教育活动指导

一、7—12个月婴儿认知提升重点

(一)7—9个月婴儿认知提升重点

7—9个月婴儿的运动能力和智力发育非常迅速,大脑脑髓形成速度增快,认识事物也随之增快。他们能坐,会翻身和爬行,会主动找大人玩,对周围的事物显示出强烈的兴趣。此时,婴儿的大运动神经开始发育,可通过训练来促进婴儿神经运动的协调性,这同样有利于婴儿智能的发展。这个阶段婴儿认知提升的重点是:听懂父母的指令、分辨大小、培养记忆力和推理能力等。

(二)10—12个月婴儿认知提升重点

10—12个月的婴儿能理解日常用语,并能按成人的指令完成简单的任务,愿意与其他的婴儿接近,能用表情、手势和少数词与人交流,能用全手掌握笔并在纸上画,留下笔

图4-4 同孩子一起看图画书

道,喜欢听儿歌、听故事。这个阶段婴儿认知提升的重点是:培养延迟满足感,鼓励出声表达行为,学会认识颜色,会看图画书,能跟着背数 1—5 等。

二、7—12 个月婴儿认知发展的教育促进

(一)7—9 个月婴儿认知发展的教育促进

1. 培养理解力

协助穿衣

方法:成人给婴儿穿衣时,让婴儿听从指令,主动协助。例如,让婴儿头伸进衣领洞口中,伸手到袖子里,伸腿到裤腿里等。婴儿会做某一种穿衣动作时,成人都要称赞一下,让婴儿感到自己干得不错,愿意很好地配合成人,为以后自己穿衣做准备。

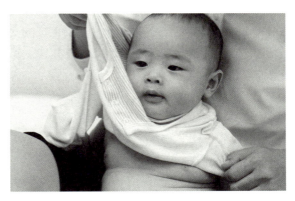
图 4 - 5 引导婴儿协助穿衣

目的:通过穿衣活动,提高婴儿对成人语言的理解力,学会配合成人的指令完成任务。

2. 记忆能力开发

小蜜蜂来了

方法:将一只手高举在婴儿头上,然后一边用手朝着婴儿的方向以螺旋状缓慢落下,一边唱:"小蜜蜂,嗡嗡嗡,小蜜蜂来了,小蜜蜂来了,它就要抓到宝宝了!"当唱到"宝宝"两个字时,在他的肋骨处或者肚子上轻轻挠痒。

目的:培养婴儿的记忆技巧及预知事情的能力,当知道小蜜蜂就要抓到他时,他就会开始边笑边扭动。

3. 培养分辨大小的能力

抓苹果

方法:准备两个苹果,一个大些,一个小些,成人说:"宝宝拿大苹果。"看婴儿的反应,如果婴儿反应正确,就加以表扬和鼓励;如果拿错了,成人应该及时纠正,帮助婴儿明确大小的概念。成人可以连续几次都要求婴儿拿大苹果或者小苹果,观察婴儿的反应。

目的:让婴儿通过取物来区别东西的大小。

注意:刚开始训练时,婴儿可能会犯错,成人应该耐心地指导,切忌责骂、恐吓。

4. 注意力开发

问与答

方法:对婴儿而言,最亲近又容易听得懂的语言还是来自父母,父母平时要养成与婴儿"对话"的习惯。虽然父母是自问自答,但是可以教婴儿照着父母的问题用小手指出来,例如:

"宝宝(宝宝的小名)是谁的宝贝呀?"

"哦,是妈妈(爸爸)的宝贝啊!"(让婴儿指妈妈或爸爸)

"妈妈(爸爸)最喜欢谁呢?"

"妈妈最喜欢宝宝(宝宝的小名)啊!"(让婴儿指自己)

"宝宝哪里最漂亮啊?"

"宝宝眼睛最漂亮了。"(让婴儿指自己的眼睛)

目的:培养婴儿专注的能力以及良好的交流和沟通习惯。

注意:这个游戏适合9个月的婴儿,7—8个月的婴儿可以根据成长情况进行。

(二)10—12月婴儿认知发展的教育促进

1. 培养解决问题的能力

寻找小球

方法:在一个边长30厘米左右(正方形、长方形均可)的包装纸箱上面开一个大约10厘米×10厘米的洞,在右下角另剪一个边长为5厘米的等边三角形出口,让婴儿从大洞投入一个小球,叫他摇动纸箱使小球从边角出口处漏出。告诉婴儿从大洞里看看,哪一头亮就向哪边摇。

目的:培养婴儿解决问题的能力。

注意:婴儿起初会乱摇,成人要适当引导,但不要全部代替。洞的边缘要整齐,防止刮伤婴儿。

2. 培养观察力

寻找小球

方法:

① 准备三块方形积木、一个塑料球(积木要比塑料球小些)。给婴儿两块积木,教婴儿把一块积木搭在另一块上,再让婴儿试着把塑料球搭在第二块积木上。婴儿尝试几次都失败了,塑料球总是掉下来。这时,给婴儿第三块积木,让他搭上去,他成功了。

② 给婴儿一根小棒和一只小皮球,看看婴儿是否能用小棒推着皮球滚动。然后拿走皮球,给婴儿换来另一样东西(比如一个罐头盒、一个易拉罐等),观察婴儿是否能用小棒推着这些东西滚动。通过尝试,婴儿发现,皮球可以从任何角度被推着滚动,而其他东西不一定。

目的:训练婴儿的观察能力,让婴儿通过游戏观察到球体受力后可以滚动,理解物体与物体特性之间的关系。

3. 开发思维能力

盖盖子

方法:准备一个杯子和大、中、小3个盖子,其中只有一个盖子是正好适合杯子的。先教婴儿用盖子盖杯子的动作,然后再把3个盖子都给他,让他尝试着把适合的盖子盖到杯子上去,婴儿选择正确,家长要加以鼓励。

目的：让婴儿掌握物体之间以及物体特性之间的简单联系，激发他的思维活动。

4. 开发记忆力
宝宝的四方盒
方法：

① 准备一个形状为正方体的空纸盒，在盒子的 6 个面贴上 6 张婴儿熟悉的且好看的彩色图片。

② 把盒子拿给婴儿，让婴儿随意转动、欣赏。每当婴儿转到一个画面时，就告诉婴儿："这是爸爸"、"这是一棵树"……让婴儿熟悉 6 个画面。

③ 婴儿熟悉画面后，就可以训练婴儿听指令找画面了。比如问："爸爸在哪儿?"就要求婴儿把有爸爸的那一个画面转过来。

④ 如果婴儿能很快地按照要求将画面转过来，就应该对婴儿进行表扬和鼓励，之后逐渐提高速度。

目的：培养婴儿的短时记忆、长时记忆能力以及形象思维能力，锻炼婴儿的手眼协调能力。

拓展阅读

睡眠与学习记忆①

刚出生的婴儿一天中的大部分时间都在睡觉，人们常说，睡得越多越聪明，这背后有什么科学依据呢? 德国科学家在《当代生物学》(Current Biology) 杂志发表的一项研究表明，婴儿在简单的学习之后睡上一觉，就能够记住刚接触到的词语。这项实验有 100 多名婴儿参与，实验开始之前，研究人员把婴儿分成两组：清醒组和睡眠组。清醒组的婴儿作为研究对照，预计在学习完的 3 小时内不会睡觉，睡眠组的婴儿预计在学习完 30 分钟之内会入睡，研究人员根据以上日常睡眠习惯来安排学习的时机。

研究者首先对婴儿进行"词语—图像"配对学习训练，接着记录婴儿睡眠时的脑电活动，婴儿清醒后再对婴儿进行记忆测试。通过记录婴儿在学习、睡眠和记忆测试时的脑电图(EEGs)活动，分析事件相关电位(Event-Related Potentials，ERPs)，研究者得到了婴儿各个阶段大脑活动的数据，进而分析婴儿是否能够形成新词汇记忆。研究者发现在学习完成后，如果婴儿没睡觉，就不具备对所学单词的配对能力，与作为对照的清醒组婴儿一样，他们没有产生长期学习记忆。由此可见，婴儿的语言记忆能力的发育与睡眠时间的长短有着很大关系，较长时间的睡眠有助于婴儿形成词汇语义的记忆。这项研究表明，婴儿经历一段稍长睡眠期即可形成词汇记忆，睡眠能够有效地屏蔽周围环境的干扰，为重新梳理瞬时记忆提供合适的条件，这是睡眠促进记忆重组的主要原因。与婴儿不同的是，成年人在清醒期间也能完成记忆，因为通过成熟地控制注意力，成人能够有效地处理外界干扰因素。由此看来，不仅不能打扰睡着的婴儿，还要创造条件让婴儿睡好觉，这可是他们学习的好时光!

① Friedrich M，Wilhelm I，Mölle M，Born J，Friederici A D. The Sleeping Infant Brain Anticipates Development [J]. Current Biology，2017，27(15)：2374—2380.

本章小结

　　7—12个月的婴儿感知觉有了飞跃的发展,大部分感知能力已接近成人的水平。这个阶段的婴儿活动范围不再局限于婴儿床上,他们逐渐掌握坐、爬、站、行的技能,他们的认知能力也得到了更好的锻炼。7—12个月的婴儿思维处于二级循环反应的协调阶段,该阶段的婴儿开始能将先前习得的图式进行协调、整合成新的更复杂的行动序列,出现了思维的概括性和间接性特征。婴儿的偶然注意多于专注注意,注意的选择性受经验的支配,婴儿记忆保持的时间、牢固性不断增长,婴儿的记忆对情境依赖性逐渐降低。

　　1. 有人说:"为了给婴儿创设一个丰富多彩的成长环境,家长一次给婴儿提供的玩具应该是越多越好。"这种观点对吗? 为什么?

　　2. 设计一个培养10—12个月婴儿客体永久性概念的活动。

思考与练习

　　3. 妈妈用婴儿推车推着12个月大的宝宝去菜市场买菜,宝宝看见水果摊上摆着他最爱吃的桑葚,他马上从婴儿推车的座椅上站起来,一边哇哇地叫唤着,一边用手去抓桑葚,然后,塞进嘴里吃。请运用所学的知识分析这名婴儿的思维发展特点。

第五章

13—18 个月婴幼儿认知发展与教育

学习目标

1. 理解 13—18 个月婴幼儿认知教育的意义。
2. 掌握 13—18 个月婴幼儿认知发展的特点。
3. 能有效运用促进 13—18 个月婴幼儿认知发展的策略。

本章导览

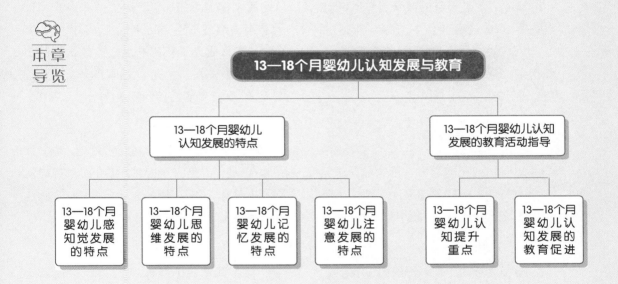

本章导语

　　琪琪 15 个月了,家里人都叫她"造反派",因为她总是把家里搞得乱七八糟。她每天都要把家里的地柜抽屉翻一遍,模仿大人的样子炒菜、扫地、做家务,用果酱在纸上、墙上涂涂抹抹,把家里的地板、墙面、自己的衣服弄得脏兮兮的,并自得其乐……

　　琪琪的行为反映了这个阶段婴幼儿认知发展的什么特征呢? 作为家长是否应该批评制止呢?

第一节 13—18个月婴幼儿认知发展的特点

一、13—18个月婴幼儿感知觉发展的特点

（一）触觉

在手的触觉探索活动出现之前，口腔触觉是婴幼儿进行探索的重要途径。婴幼儿通过口腔触觉认识和分辨物体。当手的触觉探索活动出现后，口腔触觉退居次要地位。但是在1.5—2岁之前甚至有的孩子到3岁，仍然会以口的探索作为手的探索的补充。只有将物体握在手里，放进嘴里尝尝，儿童才能感知物体。儿童渐渐熟悉三维空间，建立起内外、空心实心、上下前后等立体的观念。所以在婴幼儿1—2岁阶段，成人不要武断地去制止孩子的口腔探索，而要通过把玩具和图书等物品消毒的手段去帮助孩子探索，并注意观察分析。如果婴幼儿出现大量咬指甲、哭闹不安、没有安全感等现象，则有可能需要向专业人士寻求帮助。

（二）视觉

出生后半年是婴幼儿视力发展的关键期，2岁幼儿的视力已基本接近成人。13—18个月的婴儿已经能看出一堆物品是否是完全相同的颜色，或是否杂合多种颜色，并且能从杂合的颜色中挑选出单一的颜色。例如，成人在桌上放4个红色物体和4个其他杂合颜色的物体，让婴儿将红色的物体挑选出来。因此，该月龄的幼儿已经可以接受共性的概念。

（三）听觉

随着年龄的增长，儿童听觉分辨力会越来越精细。儿童在1岁时，就已经学会声音定位，并能找出声音来源。过周岁之后，儿童会进一步区分各个单一的声音。值得一提的是，儿童将学会区分浊辅音和清辅音。

6月龄以上的婴幼儿，在听到比较愉快的音乐节奏时会伴有强烈的身体动作，动作出现了节奏感。18个月大时，有10%的婴幼儿能协调节奏与身体动作的关系，这时身体动作看起来像是伴随音乐的舞蹈。

（四）知觉

1. 形状知觉

这个阶段的婴幼儿开始能识别几何图形，认识圆形、正方形、三角形的物体，能够玩镶嵌玩具，如将圆形、正方形、三角形、长方形、椭圆形、半圆形等形状的木板

图 5 - 1 婴儿能够玩镶嵌玩具

按着穴位的形状放回。此外,该阶段婴儿还具有合拢切片组成几何图形的能力,这是图像解读思维能力之一,对以后几何的学习有帮助。例如,婴儿会将两个半圆合拢为圆,将两个长方形合拢为正方形,将两个三角形合拢为正方形。图像解读思维好的婴儿不必看样板,自己可以凭借想象合拢图形。

2. 空间知觉

此时的婴儿能够分清前后方向,如成人说"在前面",婴儿会朝前走或向前看;说"在后面",婴儿会转过头或者转过身去。他们逐渐开始建立空间概念,例如妈妈说"苹果在妈妈的衣袋里",婴儿就能去妈妈的衣袋里找苹果。

二、13—18个月婴幼儿思维发展的特点

(一)思维特征表现明显

1. 表意性动作的出现——认知出现间接性(11—12个月产生)

表意性动作是指借动作表达意愿的行为。11—12个月的婴儿,会用手指向想要的东西或想要去的地方,其实是通过动作向成人表达自己的意愿和目的。这时,手已不仅仅是操作物体或接触物体的工具,其动作表现出类似于语言的功能,借用"手势语"反映自己的内心想法。婴儿此时的认知已经超越了被动感知水平,开始出现对未来情况的预见,而预见性正是认知间接性的明显标志。

图 5-2 孩子借用"手势语"表达想法

2. 工具性动作的出现——认知出现概括性(1岁左右产生)

工具性动作指的是按照物体的结构特征和功能使用物体的行为。1岁以后,婴儿对手中的物体不再只是盲目地敲敲打打,而开始按照物体的性质进行操作。比如,只拖拉带轮子的玩具,不会拖拉没有轮子的玩具;用餐具喂洋娃娃,不会去喂汽车或积木等。对一类物品用同类动作,说明婴儿对物品已能初步分类,而分类的基础就是"概括"。

3. 试误出现——初步解决问题的能力出现(1—2岁产生)

当认知出现了初步的间接性和概括性后,婴儿开始用"试误"的方法解决问题。我们常看到这样的现象:当婴儿在几次伸手拿不到放在毯子远端的玩具时,会有意识地试拉毯子,他似乎想发现毯子移动和玩具移动的关系。在确认了拉毯子与玩具移动的关系后,婴儿通过拉毯子解决了拿玩具的问题。以后,每当遇到新的问题时,婴儿都会通过类似的"试误"动作来寻求解决问题的方法。在积累了一定经验后,"试误"动作越来越少,头脑中的思考越来越多。"试误"动作的出现说明婴儿有了初步的综合与判断推理能力。

（二）思维水平有了质的发展

13—18月的婴儿思维处于三级循环反应阶段。在这一时期，婴儿能通过主动的试验发现新方法，具有尝试性和创造性的特点。此时的婴儿已不再停留在重复简单动作的阶段，而是会为了达到目的不断地尝试改变自己的行为，属于"尝试—错误"式的学习。这也是婴儿第一次能够有目的地通过动作的协调以发现解决问题的新方法。

在这一阶段，婴儿最感兴趣的是不可预测的事件。他们觉得无法预期的事件不仅是有趣的，而且是可以解释和理解的。婴儿的发现能够导致新技能的产生，例如，一名14个月大的婴儿非常喜欢从高椅子上往下扔东西，如会扔玩具、勺子等，他似乎只是想看看这些东西是如何碰撞到地面的。他很像是在做实验，看看他扔的不同的东西会制造出什么样的噪声，或飞溅成什么样子。

三、13—18个月婴幼儿记忆发展的特点

（一）视觉记忆力

视觉记忆力是指对来自视觉通道的信息的输入、编码、储存和提取，即个体对视觉经验的识记、保持和再现的能力。例如，向婴幼儿并排展示两个刺激物，其中一个是熟悉的，另一个是从未见过的，婴幼儿对新鲜刺激物的注视时间更长，这说明他们认出了另一个刺激物是熟悉的，这是视觉记忆的再认能力。婴幼儿的视觉记忆力以视觉再认记忆为主。视觉再认取决于婴幼儿对输入信息与已有信息的比较——换而言之，取决于形成或参考心理表征的能力。有研究表明，婴幼儿在出生后不久便具备了未发展完全的表征能力，并且这种能力会得到迅速的提高。信息加工效率的个体差异反映出婴幼儿形成和参考此类思维图像的速度不同。当同时呈现给婴幼儿两个视觉图像时，能够将注意力从一个图像迅速转移到另一个图像的婴幼儿比要花费更长时间来观察两个图像的婴幼儿拥有更好的再认记忆力。婴幼儿在出生后的第一年，其信息加工速度提高得非常快，第2—3年持续发展。13—18个月的婴幼儿已经能够很好地区分新信息与加工过的信息，能够辨识出新旧信息的细微差别。视觉记忆能力的发展为这个阶段婴幼儿的早期阅读能力的培养提供了重要的基础。①

案例与分析

识 字 教 育

我国学者李忠忱对自己女儿李璟琳进行了识字教育心理实验。李忠忱运用形象记忆的方法，从女儿13个月时开始对她开展识字教育，结果在她满21个月时共识汉字1 000多个。在实验中，他发现：李璟琳在14个月时对所认字的记忆保持是6—7天；在她18个月时记忆保持是20—25天；在她20个月后，一般是隔

---

① （美）黛安娜·帕帕拉，等.孩子的世界：从婴儿期到青春期[M].郝嘉佳，等译.北京：人民邮电出版社，2013：231.

两个月才对已认识的字复习一次,再认正确率仍达 90%,其中有许多字在低幼画册中常见常读,已不再遗忘了。她的汉字记忆能力也渐渐迁移到其他活动中,李璟琳20个月时能背诵 36 首唐诗、70 首歌谣。[1]

分析 13—18个月的婴幼儿已经能够很好地区分新信息与加工过的信息,能够辨识出新旧信息的细微差别。

(二)婴儿期遗忘

婴儿期遗忘现象是指婴儿不能记住生命中最初的两年或三年里发生的事件。以往对这一现象的解释是:婴儿这一时期不能形成持久的关于自身经验的表征,即没有相关的记忆的存在,因此无法利用早期记忆。但近来的研究却发现事实并非如此,婴儿能够回忆较早的经验,并且在婴儿期内相隔相当长的一段时间内都能回忆。因此,研究者认为并不是所有婴儿都存在记忆缺失的现象。为什么会存在婴儿期记忆的缺失现象? 有人认为,是由于婴儿的大脑皮层的额叶尚未发展成熟的缘故。也有人认为,婴儿主要运用内隐记忆,而外显记忆功能较差。还有人认为,婴儿与年龄较大的儿童和成人对信息采用不同的编码方式,而两套编码方式与提取方式之间不匹配,造成婴儿期存贮的信息提取困难,从而导致婴儿期记忆缺失。还有人从早期记忆中缺乏自我的介入,早期婴儿缺乏分享和复述记忆的社会系统等方面来解释婴儿记忆早期缺失。

四、13—18个月婴幼儿注意发展的特点

(一)逐渐开始注意与成人生活有关的事物

这一阶段的婴幼儿开始对与成人有关的事物进行关注。例如,成人经常使用手机,婴儿便会特别关注手机,一有机会拿到手机,他们就会高兴地玩起来,模仿成人操作手机的动作,专注地观察手机屏幕的变化。与此同时,婴儿开始学习开口说话,进入了学习口语的全盛时期。这个阶段的婴儿能注意听成人说话,如当成人对他们说出某个物品的名称,并用手指向它时,婴儿的注意会被引向这件物品。此时,婴幼儿的言语活动促进了他们注意的发展。无论婴儿掌握到"单词句"、"双词句"或"完整句"的哪种不同水平,这些词均具有代表某些事物、动作、要求、陈述、命令的概括性含义。言语活动支配着婴儿注意的选择性,它能将婴儿吸引到语词表达的对象上,集中到听故事、看图书、听歌曲、看电视的活动上,为婴儿的学习和记忆提供了更为广阔的、新颖的和丰富的认知世界。因此,在这个阶段的教育中,应注意两个问题:第一,建立良好的家庭氛围。此时的婴儿会特别关注父母的言行,父母的行为习惯会在不知不觉中迅速地被婴儿注意并被他们模仿。因此,如果要

---

[1]　李忠忱.关于 1—2 岁婴儿大量识字的心理分析[J].心理发展与教育,1988(3):52—56.

培养孩子良好的行为习惯,必须首先从家长自身的行为入手,做好榜样。第二,利用语言培养孩子的注意,即在日常生活中可以多和孩子交流互动,比如通过指物说名,既可以让孩子认识和积累更多的词汇,也可以培养他们的有意注意。

坐 电 梯

果果13个月了,每天早上奶奶都带着她到公园玩。她家住在20楼,乘坐电梯的时候,奶奶总是指着电梯里的楼层指示灯说:"果果,你看这是20、19、18、17……",果果听见奶奶的呼唤,立刻将目光投向指示灯,聚精会神地看着一闪一闪的灯光,有时还会高兴地拍拍小手,直到电梯门开了才转移视线。

分析 此案例显示,13个月大的婴幼儿在成人的语言引导下可以对特定的事物产生指向与集中,即对成人关注的事物亦产生了注意。

(二)对表象的加工和提取使婴儿在这一时期出现了稳定的客体永久性反应

婴儿的注意能够在表象和现实刺激之间转换。15—18个月的婴儿,经过"尝试—错误"练习,已能从视野之外搜索被掩藏的物体,注意受当前任务(如寻找)的支配。例如,这个阶段的婴儿能够和成人玩"找宝藏"的游戏,持续寻找视线之外的被藏匿的物体,这是有意注意的开端。同时,这个阶段的婴儿注意转移已经出现,他们能够在不同的活动之间灵活转换,注意保持的时间增长。

第二节 13—18个月婴幼儿认知发展的教育活动指导

一、13—18个月婴幼儿认知提升重点

这个阶段婴幼儿认知提升的重点为:认识正方形和圆形,并逐渐开始辨识正方形和圆形,能用两个半圆摆成圆形;认识红、黑、白等基本颜色,并逐步开始辨识不同的颜色;建立多少的概念,并逐步理解"一样多"的概念;能将物体成对配对,并寻找图片中不同事物的特点。

二、13—18个月婴幼儿认知发展的教育促进

(一)感知觉训练游戏

1. 这些都是圆形的

游戏目的:训练婴幼儿的视觉观察和认知能力,促进其视觉的灵敏性发育。

游戏材料：一些圆形的物品,如气球、圆形钟表、圆形盘子等。

游戏过程：

① 将物品放在桌子上。

② 让孩子坐在桌子旁边,然后成人拿起一个气球,对孩子说:"这个是圆形的气球。"而后再指着桌上其他的物品对孩子说:"这些也都是圆形的,圆形的钟表、圆形的盘子……"

③ 反复说几次之后,成人问孩子:"这些东西都是什么形状的呀?"并引导孩子回答出"圆形"。(重复进行练习)

游戏延伸：玩的时候,成人还可以跟孩子介绍其他一些几何图形,以让孩子对物体的几何形状等概念有初步的认知。

游戏提示：还可以搜集其他各种形状的物品,以增加孩子对各种图形的观察和认知能力。让孩子观察几何形状,不仅有助于其视觉能力的锻炼,同时也有助于培养他们对数学的认知和兴趣,为将来学习数学奠定一定的基础。

2. 三色陀螺

游戏目的：锻炼并提高婴幼儿对色彩的观察、认知以及判断能力,从而促进其视觉能力的提升。

游戏材料：陀螺、彩笔。

游戏过程：

① 在陀螺上面分隔出三等份,分别涂上红、黑、白三种颜色,并教孩子感知这三种颜色。

② 转动陀螺,引导孩子观察三色陀螺转起来时的样子。等陀螺停止转动时,让孩子立即说出面前的是什么颜色。

游戏延伸：可以增加陀螺上的颜色种类,以给孩子更强的视觉冲击力。

游戏提示：可以让孩子自己试着转动陀螺,以增加孩子参与游戏的兴趣。视觉训练中的色彩训练能够为孩子将来欣赏美以及从事艺术方面的工作奠定一定的基础。在玩这个游戏的过程中 孩子的视觉注意力也会得到提升,有助于其整个视觉的发育。

(二)思维训练游戏

1. 图片配对

游戏目的：引导婴幼儿学会观察。

游戏材料：几组图片。

游戏过程：

① 成人将几组图片打乱,散放在桌子上,然后将其中的两组图片取出,如小猫组(两张)、小狗组(两张)。将两张小猫图片,一张放在上方,一张放在左侧;将两张小狗图片,一张放在下方,一张放在右侧。

② 妈妈从中拿出两张相同的图片,让幼儿观察一下,然后问:"是一样的吗?""你能从

桌上的图片中找出相同的两张图片,然后把它们放在一起吗?"

③ 幼儿从桌上的图片中找出相同的两张图片,然后把它们放在一起。

游戏延伸:可以多准备几组图片,让幼儿寻找。

游戏提示:游戏时,可以直接让幼儿寻找,成人不做示范也可以。为了培养幼儿的观察力,成人可以准备几组图片并将其打乱散放在桌子上。然后,让幼儿从桌上的图片中找出相同的两张图片并把它们放在一起。这种游戏可以让幼儿学会观察。

2. 摆摆小珠子

游戏目的:帮助婴幼儿理解数量关系,把握"一样多"的含义。

游戏材料:小珠子若干,盘子两个。

游戏过程:

① 成人同孩子一起摆珠子,要求孩子同成人摆得一样多。成人先放一个,孩子也放一个;成人放两个,孩子也放两个;成人放三个,有些孩子能放三个,有些孩子会放多了几个。

② 成人开始边检查边摆。当两边都是一个时,成人就说:"对,一样多。"当两边都是两个时,成人就说:"对,一样多。"如果两边都是三个时,也说:"对,一样多。"

③ 如果有一边多了几个,成人问孩子:"是不是一样多?"看孩子能不能回答。成人可以把两边的珠子一对一地排好,长的那一边就是多的了。1岁半到2岁的孩子只能认识3以内的"一样多",成人不可要求太高。

(三)记忆训练游戏

1. 摇杯子

游戏目的:增强婴幼儿对动作的记忆,体会摆弄物品的乐趣。

游戏材料:一个乒乓球,一个杯子。

游戏过程:

① 卧室里,让孩子看着成人。

② 成人抓起一个小球放进茶杯里。

③ 成人拿起杯子摇几下。

④ 成人把这些道具放在一边。

⑤ 之后,成人把这些道具交给孩子,看其是否会模仿自己的做法去摇晃杯子。

⑥ 孩子模仿成人的样子摇杯子。

游戏延伸:如果孩子成功地模仿出来,那就隔1天、1周,然后是1个月,再次把这些道具交给孩子,看其是否还记得这些。

游戏提示:如果孩子没有按照成人的意愿将杯子摇晃起来,也不要急,更不能强迫孩子。成人可以先等一等,等孩子有了兴趣再去让他做这样的动作。这一阶段的孩子已经能够认识一些物品了。成人可以让孩子做些模仿的游戏。这种游戏不仅可以锻炼幼儿的动手能力,体会摆弄物品的乐趣,还能有效增强动作记忆效果。

2. 这些东西是什么

游戏目的： 训练婴幼儿的记忆力，丰富幼儿的感觉。

游戏材料： 自然界中的事物，比如花朵、小草等。

游戏过程：

① 成人带孩子到花丛边，向孩子介绍各种花名，比如牵牛花、月季花、水仙花等。（反复多说几遍花的名字）

图 5-3　孩子在观察植物

② 成人引导孩子对花儿进行观察，用小手摸摸花朵、闻闻花香，对孩子说："这是××花，像××。"同时提醒孩子："小花很漂亮，可以摸摸，但不能摘。"

③ 第二天，成人可再带孩子到花丛中，问孩子："宝宝，这是什么花呢?"鼓励孩子回忆，并说出花的名称。

游戏延伸： 成人也可以带孩子到菜市场、超市等场所，引导孩子进行观察，并教给孩子常见的食物、生活用品的名称，培养他们的记忆力。

游戏提示： 在孩子进行观察的时候，可以让他们用小手摸，用鼻子闻，鼓励孩子用多种感官参与。党的二十大报告强调，我们必须坚持绿水青山就是金山银山的理念，坚持全方位、全地域、全过程加强生态环境保护。培养全民保护环境的行为习惯应该从孩子抓起。13—18个月的婴幼儿逐渐开始关注与成人生活有关的事物，父母的行为习惯会在不知不觉间被婴幼儿注意并模仿。因此，在日常生活中，父母应注意自己言行举止，以起到良好的榜样示范作用。如果孩子想将花朵摘下来，要告诉其不能摘花朵，要爱护花草。

（四）注意力训练游戏

1. 分豆子

游戏目的： 锻炼婴幼儿的识别能力和分类能力，促进其观察力和注意力的发展。

游戏材料： 几种豆子，如黄豆、黑豆、红豆等，小塑料盒子几个。

游戏过程：

① 把豆子混合在一起，然后教孩子认识它们。

② 向孩子求援："宝宝，我需要把这些豆子分开（边说边示范），帮帮我好不好?"然后让孩子把几种豆子分别放在不同的小盒子里。

③ 尝试引导孩子用汤匙等工具分豆子。

游戏延伸： 可以混合不同种类、不同大小的豆子，加大游戏难度。

游戏提示： 分豆子的游戏和从大米粒中捡豆子出来的游戏非常相似，但是二者的训练方向截然不同。分豆子的游戏更着眼于孩子的观察能力和分类能力。刚开始训练的时候，可以仅仅把两种豆子掺杂在一起。等孩子熟练了，再把三四种豆子甚至更多种豆子混合起来让孩子挑拣。要注意的是,不能让孩子把豆子吃下去,以防发生危险。

2. 找闹钟

游戏目的:培养婴幼儿的注意力和解决问题的能力。

游戏材料:闹钟。

游戏过程:

① 成人拿出闹钟,给孩子展示一下,把闹钟放在幼儿耳边,对孩子说:"宝宝,你听这是什么声音。"让孩子仔细听闹铃响起的"滴滴"声。

② 成人将闹钟藏起来,让孩子循着闹铃声寻找闹钟。

③ 孩子找到闹钟后,成人给予表扬。

游戏延伸:可以根据孩子找闹钟的水平调整闹钟藏匿的距离,不断加大难度。

游戏提示:如果孩子对闹钟更感兴趣,应先充分满足其探索闹钟的兴趣,不必急着开始游戏。

拓展阅读

电子媒体与孩子①

6个月大的詹妮躺在自己软绵绵的小椅子上,舒服地看着《小小爱因斯坦》的DVD。当屏幕上出现欢快的图像时,她便会兴奋不已,拍手大笑。詹妮从5周大时便开始观看《小小爱因斯坦》的节目了,根据对全国1000个学龄前儿童的父母进行的随机电话调查显示,詹妮的这种情况并非是早熟而是普遍现象。该调查由亨利·凯泽家庭基金会发起,调查发现,一天中,59%的2周岁以下儿童会看电视,42%会看视频或DVD,5%会使用电脑,还有3%会玩视频游戏。这些孩子平均每天待在屏幕前的时间超过了2小时,是他们聆听父母阅读时间的2倍。自从20世纪90年代后期以来,面向婴儿和学步期儿童的多媒体视频便铺天盖地而来,如:面向12个月大的儿童的电视节目,9个月的儿童可利用特殊键盘操作的电脑游戏,针对1—18个月大婴儿的教育录像带和DVD(附带相关图书、识字卡片和玩偶)。2006年,广受好评的电视节目《芝麻街》的制片人发行了一套针对6个月大儿童的DVD光盘,以供父母和孩子一起观看。HBO公司(一家美国商业电视网和收费电视公司)也发行《经典宝贝》的DVD光盘,包含有音乐、美术和舞蹈节目。专门面向婴儿和学步期儿童的第一宝贝频道则提供了每天24小时播放的电视节目。根据凯泽家庭基金会的调查,74%的2周岁以下儿童收看电视,26%的儿童的卧室里有电视机。而3周岁甚至更小的儿童中,有66%自己会打开电视机,52%会使用遥控器切换频道。如果一个家庭经常开着电视,那么婴儿更有可能在1岁之前就开始看电视,而对身在不常看电视的家庭中的婴儿来说,这一概率相对较低。"成瘾的观众"很可能每天都看电视

① Victoria J R,Elizabeth A V,Ellen A W. Zero to Six:Electronic Media in the lives of Infants,Toddlers and Preschoolers [EB/OL]. (2003-06-09) [2020-04-13]. https://eric.ed.gov/? id=EP482302.

且观看时间较长,他们很少有时间听大人阅读。这样的孩子很可能到 6 岁时还不能学会阅读。上述所有行为都违反了"美国儿科学术委员会公共教育协会"(2001)提出的建议,它提出不应该鼓励 2 周岁以下的儿童看电视,而应该鼓励儿童多参与促进大脑发育的互动活动,例如聊天、做游戏、唱歌和在父母陪伴下阅读。在凯泽家庭基金会的调查中,大多数父母都表达了对媒体教育的信心,认为孩子会从中模仿一些积极的行为,例如分享和帮助,而不是攻击性行为。希望孩子发展积极行为的父母往往引导孩子观看包含此类行为的故事、影片和电视节目。每天过多地看电视会对婴儿和学步期儿童产生怎样的影响还有待于进一步研究。研究者需要调查以下问题:多媒体在孩子的生活环境中持续出现是否会影响其身体协调性和语言能力的发展;观看多媒体是否会减少孩子进行户外活动、阅读以及与父母交流的时间;是否会养成久坐少动的生活方式;视频和电脑游戏是会帮助儿童提高视觉和空间能力,还是会带来眼睛疲劳和人体工程学的危害;各种视频如何影响孩子的认知发展和注意广度;针对孩子的节目中包含了多少非教育性内容,影响有多大。

本章小结

　　13—18 个月婴幼儿的感知觉的发展进一步精细化。视觉方面婴儿开始接受共性的概念,他们已经能区分出物体是单一颜色,还是杂合多种颜色,并且从杂合的颜色中挑选出单一颜色的物体;听觉上,婴儿会进一步区分各个单一的声音;空间知觉上,婴儿开始识别几何图形,认识圆形、正方形、三角形的物体。这个阶段的婴儿思维发展有了质的飞跃,出现了思维的概括性和间接性的特征,能解决一些简单的问题,与此同时,婴幼儿逐渐开始注意与成人生活有关的事物。13—18 个月婴幼儿的认知发展更加体现了社会化的特点,他们的学习兴趣高涨,并能积极融入成人世界。

思考与练习

　　1. 13 个月的婴儿总是不计后果地把东西往地上扔,家长和教师应如何认识婴儿的这种行为。

　　2. 设计一个培养 13—18 个月婴儿物体大小概念的活动。

　　3. "栋栋和豆豆已经 14 个月了。栋栋的妈妈特别喜欢看书,栋栋每次看见妈妈看书就会凑过去,抢着和妈妈一起看书;而豆豆的爸爸特别喜欢玩电子游戏,每次看见爸爸玩游戏,豆豆就会凑过去,认真地看着游戏界面。"请结合所学的知识对这一现象进行分析。

第六章

19—24 个月婴幼儿认知发展与教育

1. 理解 19—24 个月婴幼儿认知教育的意义。
2. 掌握 19—24 个月婴幼儿认知发展的特点。
3. 能有效运用促进 19—24 个月婴幼儿认知发展的策略。

```
19—24个月婴幼儿认知发展与教育
├── 19—24个月婴幼儿认知发展的特点
│   ├── 19—24个月婴幼儿感知觉发展的特点
│   ├── 19—24个月婴幼儿思维发展的特点
│   ├── 19—24个月婴幼儿记忆发展的特点
│   ├── 19—24个月婴幼儿想象发展的特点
│   └── 19—24个月婴幼儿注意发展的特点
└── 19—24个月婴幼儿认知发展的教育活动指导
    ├── 19—24个月婴幼儿认知提升重点
    └── 19—24个月婴幼儿认知发展的教育促进
```

本章导语

　　最近,贝贝妈妈的心情特别好,逢人总是乐呵呵地夸自己的儿子变得爱学习了。贝贝妈妈说:"自从贝贝1岁半以后,学习好像突然长进了不少。"贝贝现在特别喜欢背诵儿歌,喜欢问大人:"这是什么,那是什么?"去菜市场一趟回来,能记下很多菜名。看《小兔乖乖》的故事时,贝贝很容易就接受了小兔子是"好人",大灰狼是"坏蛋"的观点,以后只要提到坏人,贝贝就会感觉对方是"大灰狼"。

　　19—24 个月的婴幼儿在认知发展方面产生了哪些变化呢? 让我们一起来学习。

第一节 19—24个月婴幼儿认知发展的特点

一、19—24个月婴幼儿感知觉发展的特点

这一阶段的婴幼儿的脑功能几乎接近成人基本的感觉加工能力，但对于分析复杂情境的脑机制尚未发展起来。他们具备最基本的社会知觉能力，但推测他人意图的社会认知能力还在继续发展。

（一）视觉

2岁时，婴儿的视神经髓鞘化完成，所有的视觉技能都是流畅和协调的；婴儿能认识一些基本颜色，如红、黄、蓝、绿，认识这些基本色要比混合色和近似色更容易；能根据单一的特征（比如颜色或形状）匹配相同的客体，能在一本书里找到特定的图片。

（二）听觉

清晰、稳定的言语听觉表象是婴幼儿发音清楚的关键性因素。在日常生活中，成人跟婴幼儿说话带有明显的"情境色彩"，音节之间的界限比较模糊，喜欢使用叠音词，语速较快，这给婴幼儿的语音感知带来很大困扰，不利于清晰、稳定的言语听觉表象的形成。在日常生活中，成人可以通过早期阅读来提高婴幼儿的识别语音能力，比如，成人在读绘本中的字或图形时，可单个地示读，也可在语句中作为重点来读，要一字一音、音节清晰。成人可让婴儿对所学的内容反复听、读，从而促进他们清晰、稳定的言语听觉表象的形成，同时促进发音器官形成正确的"运动模式"。24个月时，婴幼儿就能很仔细且有意识地聆听自己发出来的声音，即婴幼儿能够自己控制想说的词汇，掌握发音了，甚至还能试着先完善自己的元音发音，然后是辅音发音。同时能安静地听音乐，出现和着音乐节奏的舞蹈。婴儿对语音和乐音的偏爱具有先天的成分，成人可通过经常与婴儿对话和欣赏音乐来提高其听觉感知能力。

（三）知觉

1岁半以前，婴儿已经认识圆形、方形和三角形，此后，婴儿能通过拼合切开的圆形认识半圆形，拉长正方形认识长方形。到2岁时，婴儿已能认识圆形、正方形、三角形、半圆形、椭圆形、长方形。此外，婴儿在1岁到2岁这一年，视力大幅度发展，他们只要看一眼，就可以正确判断：物体距离远或者近，在里面还是在外面。[①]

---

① 区慕洁.婴儿智力与潜能开发大全[M].昆明：晨光出版社，2004：191.

二、19—24个月婴幼儿思维发展的特点

（一）心理表征能力的出现

18—24个月婴幼儿处于皮亚杰感觉运动阶段的第六个子阶段：心理表象阶段。这个阶段是感知运动阶段的终结和向前运算阶段的过渡。这一阶段的主要成就在于心理表征或者象征性思维能力的获得。心理表征是指对过去事件或客体的内部意象。皮亚杰认为，到了这个阶段，又是一个重要的里程碑。

1. 客体永久性认识进一步发展

这一阶段的婴儿能够想象出看不到的事物可能在哪里，他们甚至能够在自己的脑海中描绘出看不到的物体的运动轨迹。因此，如果一个球滚到某个家具下面，他们能判断出球可能出现在另一边的什么地方。婴儿开始会和成人玩"变戏法"的游戏，当成人将藏在遮盖布下的玩具偷偷拿走时，他们能意识到玩具已经被成人移走了，并开始在其他地方寻找玩具，说明他们已经能够理解看到和没有看到的换位，坚信没有亲眼看到被藏起来的东西依然存在，并且会努力去寻找它。

图6-1　婴儿已能寻找被藏起来的玩具

2. 以顿悟的方法解决问题

这一阶段的婴儿会用外部动作来寻找新的方法，而且也能用头脑内部的动作达到突然的理解或顿悟。

案例与分析

火　柴　盒

我们准备了一个稍开口的火柴盒，内有一枚顶针，然后将它放在幼儿的面前。幼儿首先使用外部动作，试图打开这个火柴盒（这是第五阶段三级循环反应的动作）。在失败以后，他停止了动作，细心观察情况，同时把自己的小嘴缓慢地、反复地一张一合，或是用手模仿一张一合的样子。这其实就是幼儿在头脑中进行的使火柴盒口张开的动作。最后，他突然把手指插进了盒口，成功地打开了盒子，取得了顶针。

分析　这种在头脑中完成的内部动作的出现，说明幼儿已产生了智力的最初形态，标志着其感知运动协调的完成，同时向新的阶段——前运算阶段过渡。

（二）概念的发展

概念是思维的基本形式，是对事物本质特征的反映。概念掌握是指个体掌握社会已形成的概念的过程。

1. 类概念的发展

属性相同的许多事物共同组成一个群集称为"类"，如碗、勺子、刀叉等可以称为餐具。对类概念的研究发现，婴幼儿的类概念呈现三种等级水平：

① 乱分，即完全看不出分类的依据和标准，也说不出任何分类理由。比如，问婴幼儿为什么这样分，他要么不回答，要么把物体名称重复一下。

② 按照事物外观特征、情境、功用等非本质特征进行分类，此时婴幼儿能说出分类的理由。比如：把红球与红衣服分到一起，是因为颜色一样（按外观特征分）；把桌子、书包归到一起，是因为书包是放在桌子上的（按情境分）；把床、椅子、车放在一起，是因为都可以坐（按功用分）。

③ 按照正确概念分，能抽象概括出事物的本质特征，不再受事物外观的影响。比如，把马、麻雀、狗都称为动物；把汽车、火车、飞机都称为交通工具。

事实上，在日常的生活中，我们常常看到 2 岁的孩子把汽车、洋娃娃装进玩具柜而不会把衣服、餐具装进玩具柜。由于 2 岁以下的婴儿词汇缺乏，用语言表述时常遇到障碍，所以类概念的掌握是内隐的，主要表现为以下几方面：

① 大多以物品外部的知觉特征（颜色、形状、声音等）进行分类。例如，婴儿是按动物体的腿和车辆的轮子这样的外部特征来区别物体和车辆的。

② 能进行初步分类但无法说出分类理由。14 个月的婴儿看见实验者做给摩托车喝水的示范后，在实验者出示的小白兔和摩托车两者之间，婴儿坚持选择给小兔喝水。婴儿虽然不能用语言表达他们对不同事物概念间区别的理解，但他们对待事物的不同操作方式说明了他们能进行分类。

③ 对基本概念（如桌子、狗）的掌握先于上位概念（如家具、动物）和下位概念（如各类桌子、各种动物）。因为基本概念跟人们日常使用的基本词汇相对应，儿童经常看到基本概念的实际例子（比如狗、桌子等），而上位概念（如家具）的实际例子太多，超过婴儿掌握的水平，下位概念的内涵（特征的描述）太复杂，婴儿也难掌握，所以，婴儿最初掌握的大部分概念是基本概念。有时婴儿会用基本概念指代上位概念，发生概念错误，比如用狗指所有的动物，看到猫也说狗，看到马也说狗，看到兔子也说狗。

④ 词与类概念之间经常脱节。当婴儿说出"动物"这个词时，可能只是指他们在动物园看到的动物，他们无法理解蚂蚁、蜜蜂也是动物。说明婴儿虽然说出"动物"这个词，但并没有真正理解"动物"这个类概念的本质。

2. 数概念的发展

自然数包括两个方面：一是基数，它是指一个集合所含的元素数，即一组物体的个数；二是序数，它是指一个数相对于其他数来说所居的顺序位置。数概念是指个体对自然数这两方面的认识。

在婴儿没有掌握口头数数以前,婴儿已具有关于数量关系的模糊概念。在一项早期研究中,心理学家斯特劳斯(Strauss)和库尔蒂斯(Curtis)通过操作性条件反射教孩子触摸嵌有两排圆点的平板。其中一排圆点少,另一排圆点多。连续几次,只要婴儿触摸点数少的那排都会得到奖励,触摸点数多的那排无奖励。比如,当嵌有一排 3 个圆点和一排 4 个圆点的平板呈现时,只要婴儿触摸有 3 个圆点的那排就会得到奖励,触摸有 4 个圆点的那排将不会得到奖励。接下来给婴儿呈现一个一排 2 个圆点和一排 3 个圆点的平板,如果婴儿只是简单地对受奖励数字进行反应,他应该触摸有 3 个圆点的那排。事实上,由于语言的发展和教育影响,18 个月后的婴儿开始能口头数数,他们比较喜欢唱"一、二、三、四、五,上山打老虎……"等儿歌。虽然婴儿会唱数,但这并不等于他们已理解数字和量的关系。

三、19—24 个月婴幼儿记忆发展的特点

(一)延迟模仿

延迟模仿(deferred imitation)是皮亚杰关于表征发展的观点中所提到的,是指婴幼儿对不在面前的动作原型进行模仿。要想完成延迟模仿,个体必须形成对动作的心理表征并把它储存起来,以便在一段时间后可以提取出来并将其再现。延迟模仿可以说是儿童早期记忆的一种形式。延迟模仿需要的是对以往经验的回忆,而不仅仅是对当前知觉的再认。婴幼儿随着年龄的增长,延迟模仿的能力越来越强大,两岁的婴儿会在角色扮演游戏里面出现大量的延迟模仿。这种延迟模仿的游戏是婴幼儿回忆能力的一种表现,同时也是婴幼儿发展自己想象力、社会认知能力等的一种形式。家长和教师应该尽可能去支持婴幼儿的这种延迟模仿游戏。

案例与分析

糖糖快 19 个月了。早上糖糖看到妈妈在镜子前涂口红,她很好奇就一直站在卫生间门口看。上午,奶奶看到糖糖拿着一个玩具的棒棒一直在嘴上抹来抹去。奶奶很好奇,以为糖糖的嘴巴痒,问她嘴巴痒不痒,她又摇头。后来奶奶才知道原来她是在模仿妈妈涂口红的样子。

分析 糖糖的行为属于延迟模仿,是对不在面前的动作原型进行模仿。

(二)自传体记忆

自传体记忆(autobiographical memory)是关于个人所经历的生活事件的记忆,是对个人信息或个人所经历的生活事件的回忆,是自我记忆系统的核心部分。从某种意义上说,自传体记忆是婴儿期遗忘的反面。自传体记忆标志着婴儿期遗忘的结束。对于婴

自传体记忆的发展,成人的引导性对话起着重要的支持作用。婴儿通过与成人的对话,主动参与他们自己的记忆发展。

晚上妈妈回到家,看到爸爸正在看电视,糖糖乖乖地坐在旁边。一看到妈妈回来了,糖糖一下子扑过去抱着妈妈哭了起来。妈妈问怎么了。糖糖拿起一个毛绒玩具打起来。妈妈说:"是不是爸爸打你了?"糖糖点点头。"爸爸打你哪里了?"糖糖指指自己的小屁股。"你哭了没有?"糖糖一边点头一边撇嘴要哭的样子。妈妈赶紧把糖糖抱起来。

分析 在这个案例里,成人的询问事实上给婴儿提供了一种线索,让他们去回忆事情的时间、因果关系等。

四、19—24个月婴幼儿想象发展的特点

(一)想象的萌芽及特点

想象的发生和婴幼儿大脑皮质的成熟有关,也和婴幼儿表象的发生、表象数量的积累以及婴幼儿语言的发生发展有关。1岁半到2岁婴幼儿出现想象的萌芽,主要是通过动作和语言表现出来的。这种想象是一种类似情形的记忆再现或者联想,可以说是记忆材料的简单迁移。它具有以下几个特点:

① 记忆表象在新情景下的复活。例如,一个1岁8个月的孩子,左手抱着布娃娃,右手拿起一片塑料雪花片往娃娃嘴里放,同时发出"嗯啊——嗯啊"的咀嚼声。

② 简单的相似联想。一个2岁左右的孩子正在吃面条,面条掉在地板上,他低下头去指着地上的面条,并高兴地喊着:"妈妈!看!C,C这是C!"

③ 没有情节的组合。例如,一个2岁的女孩,穿上妈妈的鞋子,戴上妈妈的珍珠项链,挎着妈妈的包,在客厅里一边走来走去一边说:"上班,上班"。

(二)出现假装游戏

1岁半以前,婴儿玩的游戏属于皮亚杰所称的机能游戏,只会做一些他们感兴趣的动作,并且不断地重复。18个月以后,婴儿进入前运算阶段的过渡阶段,逐渐发展出表征能力。表征能力是一种通过词语、数字和心理图像等抽象符号在记忆中对物体和事件进行心理表征的能力。使用符号的能力将婴儿从直接经验中解放出来,他们学会了"伪装",并且他们的表征能力增强了他们的伪装程度。表征能力的发展也促进了婴儿想象力的发展,这个阶段,婴儿开始进行假装游戏,他们能够根据符号开展想象活动。[1]

---

① 方富熹,等.儿童发展心理学[M].北京:人民教育出版社,2004:204.

小宇 24 个月了,当他听到妈妈说"给奶奶打电话"时,就会将积木放在耳朵旁边,一边走一边模仿大人的口气说:"喂喂,奶奶辛苦了,早点休息!"原来,妈妈带小宇去看望奶奶时,经常在临走前说这句话。

分析 24 个月的小宇已经逐渐发展出表征能力,出现了假装游戏。游戏素材来源于日常,因此,家长应注意把社会主义核心价值观融入孩子的日常生活中,施以正确的引导与教育。

五、19—24 个月婴幼儿注意发展的特点

妈妈带着 18 个月的明明逛街,突然明明身体下蹲,拉着妈妈不肯走了。妈妈问了明明才知道,原来明明想要刚才从他们身边走过去的小朋友手里拿的冰淇淋。妈妈都没有看到是个什么样的冰淇淋。为什么孩子会注意到那么小的冰淇淋呢?

妈妈偷偷涂了一个肉色指甲油,因为怕明明看见,所以特意涂在了小拇指的指甲上。可是,妈妈一下班回到家,明明就过来翻妈妈的手指甲看,还问妈妈指甲上是什么。

妈妈的同事李阿姨到明明家做客,明明对李阿姨的小耳钉很感兴趣,从桌子上爬到李阿姨身边去摸李阿姨的耳钉。

分析 为什么孩子会对细小的东西感兴趣呢? 孩子的注意是怎么样发展的呢?

(一)注意发展的特征

1 岁以后,婴儿开始逐步掌握语言,表象开始发生,客体永久性概念日臻完善,记忆与模仿能力迅速发展,这一系列的认知发展促使幼儿注意力的持续发展。

定向性注意的发生先于选择性注意的发生。新生儿在觉醒状态时可因周围环境中的巨响、强光等刺激而产生无条件的定向反射。1 岁以内的婴儿以无意注意为主,随着语言、思维等的发展,逐渐有了有意注意。两岁时,婴儿能精确地、主动地听故事,这个时期的婴儿出现了有意注意的萌芽,逐渐能按照成人的要求完成一些简单的任务。注意的发展和客体永久性的认识密不可分。只有在婴儿能够明白不在眼前的物体不等于不存在后,才可以将注意力持续保持在消失的物体上。此外,该年龄段的婴幼儿注意力很难持久地集中在某个对象上,注意很容易转移,稳定性欠佳。

月儿 19 个月了,有一天逛超市,她看见有小朋友吃雪糕就想吃雪糕,妈妈怕凉不给她买,于是她哭闹不止,甚至在地上打滚。妈妈没有办法就答应给她买雪糕了。妈妈带着月儿正在去买雪糕的路上,忽然月儿被货架上的球吸引了,就拿下来玩了起来。玩好球,妈妈带她回家,她压根忘记了自己要买雪糕。

> **分析** 像月儿这个年龄的孩子,注意力很难持久地集中在某个对象上,所以能吸引他们注意的对象会不停转换。比如,月儿刚开始注意到雪糕,可是看到球的时候注意力就转移到球上了。

（二）细微事物注意的敏感期

在1岁半到2岁左右,婴儿开始进入关注细小事物的敏感期,这一敏感期一直会持续到4岁。在这一阶段,他们经常会对一些很小的东西,比如蚂蚁、小石子、线头、小纸屑等东西很是关注。在这个敏感期,婴儿的观察视角往往会关注许多细枝末节,越是微小的东西他们关注得越多。所以,在这个时期,成人要允许婴儿进行这些观察,并通过适当的引导保护他们的观察兴趣。婴儿在关注细小事物的敏感期里,在室内还会关注那些"微不足道"的小东西,比如小线头、头发丝、纸屑等。他们会捏起一根小线头转手又扔掉,或是攒在一起,也会盯着一些碎纸屑不放。这时候,成人不用很担心,也没必要惊慌,可耐下心来"欣赏"婴儿的这些可爱举动。因为一段时间过后,这些行为会自然消失。

图6-2 婴儿经常关注一些很小的东西

案例与分析

22个月的碧儿有一段时间喜欢收集头发丝,不管是妈妈的、爸爸的,还是她自己的,她都像宝贝一样地捡起来,然后藏在自己的小枕头里,有时候她还会自己对着小枕头说悄悄话。

一天,妈妈给碧儿洗枕套的时候,扔掉了这堆头发。碧儿晚上睡觉时,忽然发现自己的"宝贝"不见了,妈妈告诉她那些东西不卫生所以扔了。碧儿听到这里"哇"的一声哭了起来,而且哭了许久,直到睡觉做梦都在哭。妈妈有些不知所措,那些头发对碧儿有这么重要吗?

> **分析** 小线头、小纸屑,甚至是细小的头发丝,这些东西在成人看来完全就是要归入垃圾的,但对于处于关注细小事物敏感期的孩子来说,这些东西就是他们的宝。所以,成人不要刻意阻止孩子对这些小东西的关注。

成人一旦发现孩子进入了细微事物的敏感期,可以参考以下几种做法:

1. 不要随便打断孩子的观察兴趣

把床单上的小线头反复地捏起来,然后扔出去,孩子的这些举动在成人看来也许是可笑的,但他们自己却觉得很有意思。

对于小线头、小纸屑一类的小玩意儿,成人只要随孩子自由去处理就好。成人不要随便打断他们的观察兴趣,甚至去阻止他们继续进行某些行为。因为一旦打断了他们的观察兴趣,他们内心深处的某种需求得不到满足,就有可能会造成心理伤害。

2. 别随意丢弃孩子收集的小玩意儿

当孩子对一些小东西格外感兴趣的时候,他们就会去收集。有时候成人会很不理解他们的这种收集行为,因为他们收集的东西既没有收藏价值也没有学习意义。

其实,孩子的这种收集行为只是心智发展的需要。因为感觉到自己的弱小,但却又无法改变这一事实,于是他们就会关注一些和自己同样弱小的事物,甚至会把爱转移到这些事物上来。就如碧儿那样,她认为这样做就可以保护她的"宝贝"。遇到这种情况,成人不要随便丢掉孩子的这些小收集品,可以找一个小盒子让他们专门存放,以此来保护孩子的这种行为和心理。

3. 可以为孩子"创造"一些小玩意儿

像小线头、小纸屑等一类东西对孩子来说是不具有危险性的,而孩子又对它们这么感兴趣,所以成人可以为他们创造一些类似的小玩意儿,让他们自由地去玩耍。如果条件允许,成人还可以和孩子一起玩耍,这样一来,孩子既体会到了快乐,也加深了亲子间的感情。

4. 成人也要警惕一些小东西

虽然孩子对小东西的关注是需要成人去保护的,但是成人自己也要提高警惕,因为一些小东西也许存在潜在的危险。比如,玩具里的小塑料球不要让孩子误吞下去,很小粒的药丸也要放在孩子够不到的地方,衣服里的干燥剂、地上的老鼠药或蟑螂药更要引起成人的重视,不要让孩子误食等。总之,成人要让孩子既能感受到关注小东西的乐趣,培养他们的观察能力,又要保证他们的身体健康与安全。

第二节 19—24个月婴幼儿认知发展的教育活动指导

一、19—24个月婴幼儿认知提升重点

数概念:培养口头数数的能力,能唱数1到10或者20,能点数1到5。

空间智能:建立里外的空间概念,能按大小顺序排列物体,能独立寻找家中物品的存放位置,认识半圆形,鼓励他们操作拼图(3块),培养空间方位能力。

时间知觉:认识昨天、今天、明天和周末。

二、19—24个月婴幼儿认知发展的教育促进

（一）感知觉训练游戏

1. 辨物游戏

游戏目的：锻炼婴幼儿对物体的形状、颜色、大小等特征的辨识能力，培养他们的判断力。

游戏材料：准备三样物品，其中两样是相同的，例如两把一模一样的勺子和一个小碟子。

游戏过程：

① 告诉孩子每个物品的颜色、形状以及相同的是哪两个物品。

② 成人再拿起两样相同物品中的一个，让孩子从桌上找出和成人拿走的那个物品相同的物品。

③ 如果孩子选对了，要进行表扬；如果选错了，成人要告诉宝宝原因，并引导孩子再一次观察这三样物品，直到其能一次选对为止。

游戏延伸：等孩子熟练掌握游戏之后，可以增加物品的数量。

游戏提示：所选择的物品最好是不规则的以及带颜色的，以吸引孩子认真观察，从而促进其视觉神经的发育。辨物游戏的主要目的是锻炼孩子的观察敏锐性，并在此过程中对他们的认知能力和搜索能力进行一定程度的培养。

2. 拼接图片

游戏目的：促进婴幼儿手、眼、脑协调发展，锻炼空间知觉能力。

游戏材料：两张孩子比较熟悉和喜欢的图片。

游戏过程：

① 成人将其中一幅图片用剪刀剪成三块儿。

② 先将一幅完整的图片拿给孩子看，让孩子说出图片的内容，如小花狗的耳朵、鼻子、尾巴等。

③ 然后家长藏起完整的图片，再拿出裁剪的图片，让孩子根据刚才看到的尝试拼图。

游戏延伸：在孩子观察图片的时候，成人可以引导孩子说一说图片具体的特征，训练孩子的语言表达能力。

游戏提示：所选的图片一定要是孩子熟悉的，并且不能太复杂，彩色的最好，比如将动物的每个部位都用不同的颜色标注。拼接游戏不仅能训练孩子的空间知觉，同时还能锻炼其动手操作能力，有助于促进其手部肌肉的锻炼和精细动作的协调发展。

（二）思维训练游戏

1. 叠纸杯

游戏目的：锻炼婴幼儿对数字的最初感知。

游戏材料：5个纸杯。

游戏过程：

① 把纸杯给孩子玩耍,让孩子慢慢熟悉纸杯的形状和可以叠套在一起的特性。

② 引导孩子把 5 个纸杯逐一叠套起来,一边套一边数数给孩子听：1、2、3、4、5。

③ 把叠在一起的纸杯逐一拆出来,同时给孩子数数。

活动延伸：可以将杯子换成其他的物品或者逐渐增加数量。

游戏提示：1 岁多的孩子并不是很懂得数字及数字规律,但是我们可以从这时候开始帮他们建立数字的概念。这个小游戏可以让孩子在动手玩的同时,隐隐约约感受到数字的含义。如果给年龄稍微大一些的孩子玩,还可以告诉他们"叠加"的概念,例如搭建杯子塔等。

2. 数数几个点

游戏目的：让婴幼儿接触数字的概念,增强对数字的敏感程度。

游戏材料：搜集一些空白卡片,在卡片上分别画数量不等的大粗圆点。圆点可以用彩色笔画,以吸引 孩子注意力,数字从 1—5 即可。

游戏过程：

① 与孩子一起数卡片上的圆点,让孩子有清晰的数字概念。

② 完成第一步后,任选一张卡片,将其举在孩子面前,保持 3 秒左右。拿走卡片,然后出示两张卡片(一张是刚才看过的,一张是没看过的),让孩子指出看到的是哪张。注意,这一步选择的卡片点数可少一些。

③ 当孩子能熟练完成第二步后,开始选择点数多的卡片,缩短给孩子看的时间,但时间最短不能低于 1 秒,让孩子尝试再认。

游戏提示：对于数字,孩子是不敏感的,因为它过于抽象。所以从孩子小时候开始,就要慢慢培养他们对数字的敏感度。1 岁半的孩子刚刚开始明白数字的概念,所以在游戏一开始,孩子难免会出现错误。教师和家长不要着急,由简到难慢慢做就好,而且这个游戏要持续进行几次才会有更大的效果。除了让孩子接触数字,提高他们对数字的敏感度外,这个游戏还可以强化孩子的注意力,提高他们的观察力和记忆力,可谓一举数得。

(三) 记忆训练游戏

1. 猜猜玩具在哪只碗上

游戏目的：锻炼婴幼儿的记忆力、观察力。

游戏材料：两个相同的小碗,一个小玩具。

游戏过程：

① 先出示小玩具让孩子看,并引导孩子通过观察说出玩具的形状、颜色、名称等。

② 将小玩具放在一只碗下面并扣住,另一只碗也扣在桌子上,然后移动两个碗几次。让孩子猜猜小玩具在哪只碗下。

游戏延伸：成人可以变换不同的移动法,以吸引孩子的视线始终跟着碗的移动而转移,从而训练其观察力和记忆力。

游戏提示：为了让孩子更有兴趣地参与游戏,也可以让他们来移动碗,成人来猜,如此反复。视觉训练有助于提升孩子的观察力和记忆力,并促使其感觉统合能力以及智力的发展。在玩游戏的过程中,孩子需要脑和眼并用,从而也就能促进其整个智力的发展。

2. 什么东西不见了

游戏目的：锻炼婴幼儿的记忆力、注意力。

游戏材料：布娃娃、玩具熊、小皮球、积木。

游戏过程：

① 在桌上摆放几件玩具,如布娃娃、玩具熊、小皮球、积木。

② 让孩子说出玩具的名称,并在短时间内记住。让孩子闭上眼睛,成人拿走其中一种或几种玩具,再让孩子睁开眼睛,问他"什么东西不见了?"

③ 孩子集中注意力去回忆,然后作答。

游戏延伸：可以多准备几种玩具,增加游戏的难度。

游戏提示：如果孩子想不起来,可以提示他一下。否则,孩子一旦受挫,可能就不再愿意玩了。2岁大的孩子,已经能够集中注意力了。为了提高孩子的注意力,可以有意设置一些干扰,如让他们在短时间里集中注意进行记忆活动,以提高抗干扰能力。

(四) 注意力训练游戏

1. 放珠子

游戏目的：培养婴幼儿的注意力,锻炼其手眼协调能力。

游戏材料：找一个窄口的瓶子和一些颜色各异的珠子。

游戏过程：

① 在桌子上摆放一个窄口的瓶子和一些颜色各异的珠子,幼儿和孩子坐在边上。

② 孩子将珠子一个一个地放进窄口瓶子里。

③ 孩子完成所有任务后,成人给予一定的夸奖。

游戏延伸：可以让孩子将玩过的玩具都放回自己的"百宝箱"里,从而培养其良好的注意力。

游戏提示：该游戏可以有效培养孩子的注意力,而且,还可以锻炼他们的手眼协调能力,成人要多引导孩子做这样的游戏。

2. 一模一样

游戏目的：在高度兴奋中凝聚起婴幼儿的注意力。

游戏过程：

① 成人和孩子坐在沙发上。

② 成人一边说"眼睛"、"鼻子"、"嘴巴"、"耳朵"、"手"、"脚"……一边触摸自己的五官和四肢的相关部位。

③ 孩子模仿着做,一边说"眼睛"、"鼻子"、"嘴巴"、"耳朵"、"手"、"脚",一边触摸自己的五官和四肢的相关部位。

④ 比一比,谁正确率高且速度快。

游戏延伸:游戏刚开始的时候,可以一个部位一个部位地说,随着孩子熟练程度的加强,一次可以连续说三个部位,比如"眼睛、鼻子、嘴巴",让孩子连续触摸,说的速度可逐渐加快。游戏中,不强调左和右,比如你触摸左耳朵,孩子可以因面对面而模仿着摸自己的右耳朵。

游戏提示:多做这样的游戏,可以让孩子在高度兴奋中凝聚起自身的注意力,同时可培养他们耐久的持续力。

(五)想象力训练游戏

1. 小娃娃生病了

游戏目的:增强婴幼儿对生活过程的了解,提高其想象力。

游戏材料:一个小娃娃。

游戏过程:

① 卧室里,孩子正在和成人玩游戏。孩子扮演布娃娃的妈妈,成人扮演医生。

② 成人引导孩子扮演妈妈角色。例如:孩子拍着自己的布娃娃说:"你怎么这么烫? 是不是生病了?"说着,便用手摸了摸布娃娃的脑门:"呀! 好烫。"孩子将布娃娃抱到"医院",医生给娃娃做了诊断——发烧了。孩子将娃娃抱回家,给娃娃倒水服了退烧药。娃娃睡着了,孩子陪伴在娃娃的身边,不时地摸一下娃娃的脑门。

游戏延伸:游戏的内容可以丰富一些,比如孩子给娃娃服药、带着娃娃上医院、和医生交流等。

游戏提示:在正式做游戏之前,可以给孩子播放一些母亲看护病中孩子的图片或电视,加深孩子的情感体验。2 岁左右的孩子可以开始简单的角色扮演。通过这样的游戏,可以增强孩子对生活过程的了解,再现自己的生活经验。过家家是种与婴幼儿智力和认同发展相关的模仿行为,可以满足婴幼儿模仿成人的需求,发挥其想象力和创造力。

图6-3　2岁的婴儿正在喂娃娃喝奶

2. 小桥小桥,过过过

游戏目的:鼓励婴幼儿在"小路"上表演各种走姿,激发他们的想象力。

游戏材料:塑料地垫若干。

游戏过程:

① 在一块平坦开阔的空间,成人和孩子用塑料地垫铺成一条小路。

② 成人问孩子:"你想想,这条小路像什么?"让孩子自由回答。

③ 引导孩子将地垫想象成一条小路,鼓励他在桥上演示各种走姿。

游戏延伸:成人可以和孩子互换角色,妈妈在"小路"上表演各种走姿。

游戏提示:用塑料地垫铺路的时候,既可以铺成直直的,也可以铺成弯弯的。如果孩子只能做简单的几种走路姿势,想不起其他的种类,成人可以及时进行引导。轮到成人在"小路"上走路的时候,成人的动作可以夸张一点,以引起孩子的兴趣。

拓展阅读

当孩子出现极端情绪时①

2岁孩子情绪的来源主要有以下四个方面:首先,在1—2岁的秩序敏感期,如果孩子内在的秩序感不能被成人理解,孩子就会闹情绪;其次,孩子在与父母互动时发现不被理解,但又对此非常不认可,这会在孩子心里产生很大的不愉快感;再次,孩子想要达到的目标没有达到,但他自己并不理解达不到的原因,因此也会使孩子感到很恼火;最后,客观发展环境不能满足孩子成长的需求,这会造成孩子在心理上的不适。

以上几种情况在2岁孩子的生活里经常出现,父母要时刻提醒自己,孩子再小,也是一个活生生的生命体,这个生命体在成长中不可避免地要遭受困惑和烦恼。在一个孩子尚未走出"以自我为中心"的阶段之前,所有的情绪反应都是成长带来的,父母不必特别着急,更不必崩溃。只要了解孩子在这段时期的情绪特征和规律,就可以帮助孩子度过情绪的关键期,然后以非常自信的态度和孩子一起去迎接下个情绪关键期的到来。

本章小结

19—24个月婴幼儿的认知发展进入了一个新阶段。视觉方面,到24个月时,婴幼儿的视神经髓鞘化完成,所有的视觉技能都是流畅和协调的,他们能认识一些基本颜色,如红、黄、蓝、绿。知觉方面,婴幼儿在这一月龄阶段视力大幅度发展,只要看一眼,就可以正确判断物体距离他远或者近,在里面还是在外面。该月龄阶段处于皮亚杰感知运动阶段的第六个子阶段:心理表象阶段。婴幼儿的客体永久性认识进一步发展,且能以顿悟的方法解决问题,出现想象的萌芽和假装游戏。注意方面,婴幼儿开始进入关注细小事物的敏感期,这一敏感期一直会持续到4岁。早期教育对19—24个月婴幼儿认知能力的促进具有重要的作用,它使婴幼儿的智能得到充分的发展,而不仅仅停留在本能的层次。通过本章学习,我们应全面了解19—24个月婴幼儿感知觉、注意、记忆和思维发展的特点和培养方法,并能在实践教学中开展对19—24个月婴幼儿认知能力的促进教育。

---

① 北京师范大学家庭教育课题组.2岁孩子 2岁父母[M].北京:现代教育出版社,2017:116.

1. 党的二十大报告指出："深入实施人才强国战略。培养造就大批德才兼备的高素质人才,是国家和民族长远发展大计。"从某种程度上讲,数学实力影响着国家实力,但有人认为"婴幼儿对数字没有概念,没必要对他们进行数学启蒙教育"。这种观点正确吗? 为什么?

2. 设计一个培养 19—24 个月婴幼儿颜色知觉的活动。

3. 观摩一节 19—24 个月婴幼儿数与量指导的早教课程,就活动设计提出建议和意见。

思考与练习

第七章

25—36 个月婴幼儿认知发展与教育

学习目标

1. 掌握 25—36 个月婴幼儿认知发展的特点。
2. 理解 25—36 个月婴幼儿认知教育的意义。
3. 熟知 25—36 个月婴幼儿认知发展的教育方法。

本章导览

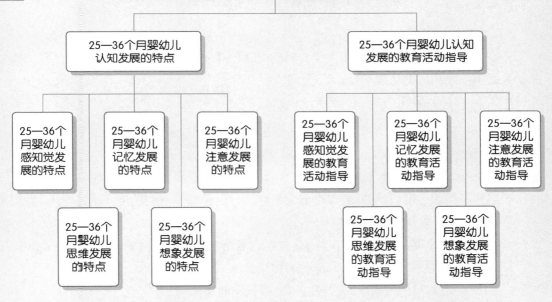

 **本章导语**

　　安安 30 个月了,他会把家里的玩具拆得七零八落的,他会想去家里的每一个地方,趁妈妈不注意爬上高高的柜子,或者会钻进衣柜里,把衣柜里、抽屉里的每一样东西都拿出来,还会把妈妈的首饰盒和化妆品也弄得一团糟。

　　看了这段文字,你是不是觉得该年龄段的婴幼儿具有强大的破坏力? 其实这都是婴幼儿在通过感知觉来认识外部的世界,那么,这阶段婴幼儿的认知发展有哪些特点? 如何促进 25—36 个月婴幼儿的认知发展呢? 下面我们一起进入25—36 个月婴幼儿认知发展的世界。

第一节 25—36个月婴幼儿认知发展的特点

对于25—36个月的婴幼儿,我们将从感知觉、思维、记忆、想象、注意五个领域探讨其发展特点。

一、25—36个月婴幼儿感知觉发展的特点

感知觉是个体认识的开端。当婴幼儿能够眼手协调一致地活动,开始学习走路之后,他们就可以从多方面感知事物的特性,以求把握事物的整体。在整个婴幼儿时期,感觉和知觉发展迅速,并日趋完善。其中最主要的是视觉、听觉和触摸觉。此外,比较复杂的空间知觉和时间知觉也有一定的发展。

(一) 视觉

大量研究证实,视觉最初发生的时间应在胎儿中晚期,四五个月的胎儿已有了视觉反应能力以及相应的生理基础。

1. 颜色视觉

25—36个月婴幼儿颜色知觉发展得很快,如果通过良好的教育,他们可以说出15—20种颜色。同时,他们已明显表现出对颜色的偏爱[1]。25—36个月的婴幼儿开始能正确辨别基本色——红、绿、黄、蓝,但是辨别紫、橙等混合色有困难。在基本色中,他们还不善于辨别不同的色度。例如,红可以分为粉红、大红、深红等不同色度。研究指出,婴幼儿颜色视觉有如下发展趋势:

① 婴幼儿辨认具体颜色容易,掌握颜色名称比较困难。所以,婴幼儿一般是先感知具体颜色,然后才学会把颜色和颜色名称结合起来。

② 婴幼儿对颜色名称的掌握随年龄增长不断巩固。

③ 婴幼儿在学习颜色名称时,最容易掌握红色,其次是黄、绿等色。

2. 视觉的目的方向性

36个月以前,婴幼儿在视觉调节下,当摆弄各种玩具和物体时,会缺乏目的方向性,视觉活动是杂乱的。随着年龄的增长,视觉活动逐渐发展成有目的、有意识的过程。对婴幼儿观看图形或图画时眼球瞳孔运动轨迹的研究说明了这一点。36个月幼儿在观看图形时,眼动轨迹杂乱,而且只限于所观察的图形的某一部分。眼球追踪整个图形积极运动的次数比较少,同时,眼动的轨迹与图形轮廓极不相符。因而观看图形的效果差,判断图形形状的错误率高达50%。

---

① 汤肖丽.2—3岁婴幼儿游戏的设计与实施[J].上海教育科研,2010,(2):93—94.

（二）听觉

听觉感受性包括听觉的绝对感受性和差别感受性。绝对感受性指婴幼儿分辨最小声音的能力，差别感受性指婴幼儿分辨不同声音的最小差别的能力。

婴幼儿的听觉感受性有巨大的个别差异。但是，一般地说，它随着婴幼儿年龄的增长、生活条件的变化、教育的影响而发展。

听觉在出生前就开始发育了，在出生时就可以对声音进行辨别。有研究表明婴儿对音乐的感受力也发生得比较早，25—36个月的婴幼儿能表现出跟着音乐节拍的身体动作。

（三）触摸觉

触摸觉是婴幼儿最初获得外部环境知识的一种直接方式，对早期的认知发展有着至关重要的作用。25—36个月的婴幼儿在改变对新的物体的把弄方式时，更多的是用手去触摸、旋转物体，不会像原来那样把东西扔掉或推开。这样，他们通过触觉探索获得环境信息的范围就扩大了。触摸觉，如对粗细、软硬、轻重等的辨别，在婴幼儿很小的时候就开始发展起来了。但是，精细地分辨物体的粗细、软硬、轻重的能力，则是从学前期逐步发展起来的。

（四）空间知觉

空间知觉包括方位知觉和距离知觉。方位知觉是指辨别上下、左右、前后，距离知觉是指辨别远近。36个月的婴幼儿仅能辨别上下方位。处于婴幼儿时期的儿童，由于尚未掌握测量距离的尺度，一般不能精确地估计距离，只能直观地感受自己生活中熟悉的较近的距离。

（五）时间知觉

36个月的婴幼儿已经有了一些初步的时间观念。例如，"早晨"是吃早饭以前的时候，"晚上"是妈妈下班以后的时候。但是像"昨天"、"今天"、"明天"这些带有相对意义的时间观念，还不能正确掌握。

一些有关婴幼儿时间知觉的研究指出：婴幼儿时间知觉发展的水平是比较低的，既不准确，也不稳定。原因是时间知觉不像空间知觉那样，有具体形象作为支撑。时间知觉比较抽象，因此，婴幼儿首先掌握的是与他们当前生活有密切关系的时间单位。[①]

图7-1　3岁幼儿还无法理解带有相对意义的时间观念

---

① 吕云飞，钟暗华.婴幼儿心理发展与教育[M].开封：河南大学出版社，2010：52—56.

二、25—36个月婴幼儿思维发展的特点

婴幼儿时期是儿童思维发生和初步发展的时期。

婴幼儿的思维发展表现出三种不同的方式：直觉行动思维、具体形象思维和抽象逻辑思维的萌芽。婴幼儿早期的思维以直觉行动思维为主，婴幼儿中期的思维以具体形象思维为主，婴幼儿末期的思维是抽象逻辑思维开始萌芽。婴幼儿的独立行走，标志着他已经成为一个独立的个体。随着独立行走这一生理现象的出现，婴幼儿也会产生很多的心理变化。比如，他们看事物的角度不同，他们的感受和成人的一样，也会有一种成就感体验。虽然婴幼儿这些心理现象还处于萌芽阶段，但是也能为今后心理发展奠定基础。

在25—36个月阶段的婴幼儿，其思维属于直觉行动思维发展模式，它的特点表现为思维紧密依附于具体的、直观的行为和动作。例如：宝宝通过伸手和抓握等动作，开始注意到物体的空间关系，这使他们逐渐超越了直接的感知和运动，开始理解周围的世界；宝宝也会对玩具的某个特性产生注意，进而发生一些简单的想象，成人要细心观察并加以正确引导，从而使婴幼儿的这种无意注意与无意想象快速地转变为有意注意和有意想象。发展婴幼儿的注意力、想象力以及思维，对于他们今后的学习与成长会有非常大的帮助。[1]

三、25—36个月婴幼儿记忆发展的特点

在记忆力发展方面，25个月以后的婴幼儿的记忆力发展迅速，其速度远远超过理解力，动作和形象记忆的发展在心理表象中起着很大的作用。

对于25—36个月的婴幼儿来说，言语的发展为记忆的发展带来了很多重要的变化，如符号表征能力的产生，再现和模仿能力的迅速发展，延迟模仿能力的产生。其中，符号表征的出现使婴幼儿语词逻辑记忆能力的产生成为可能，而延迟模仿的产生则标志着婴幼儿表象记忆及再现能力的初步成熟。此时期记忆的发展为学习提供了基础。习惯化就是个体不断地或重复地受到某种刺激，而对该刺激的反应减少或不做出反应的一种现象。这种现象甚至在出生前就已经存在，在出生后的一年里发展迅速，但发展水平有明显的个体差异。

四、25—36个月婴幼儿想象发展的特点

想象是对已有的表象进行加工改造、建立新形象的心理过程。25个月左右是婴幼儿表象出现的时期，比如，12个月左右的婴幼儿在他的玩具被拿开时会发出哭声，如果爸妈转移他的注意力，他一会儿就忘记了。但25个月左右的宝宝就不同了，他会在头脑中回

---

[1] 王孟楠.学前儿童家庭与社区教育[M].长春：东北师范大学出版社，2014：97.

忆起这件玩具,看到与玩具有关的人、事、物就会联想起来,因此又会再次发出哭声,这也表明婴幼儿的表象和思维开始有规律地发展了①。

25—36个月婴幼儿由于经验积累得多一些,言语也逐渐发展起来,记忆能力有所提高,想象活动随之有所发展,但是水平很低。基本特点是想象的内容非常缺乏,想象零散、片段,局限于模拟成人生活中的某些个别的动作和活动,没有什么创造性成分。②

五、25—36个月婴幼儿注意发展的特点

婴幼儿一出生就有注意,这种注意实质上就是先天的定向反射,是无意注意的最初形态。25—36个月婴幼儿言语的产生与发展使他们的注意又增加了一个非常重要而广阔的领域,注意活动进入了更高层次,注意的持续时间、转换、广度、分配都有了进一步发展,但是无意注意仍占主导地位。新鲜、亮丽、生动的刺激容易引起婴幼儿的注意,注意的持续时间既与教师的引导有关,更与婴幼儿本身的气质和生理状态有关。③

25—36个月的婴幼儿,随着活动能力的增长,生活的范围扩大,开始对周围更多的事物发生兴趣。在此基础上,无意注意迅速发展。只要有趣,他们可以较长时间地专心玩弄一个或一组玩具,观察一个物体。④

总体而言,35个月前婴幼儿注意的时间很短,注意的事物不多。但相对而言,在25个月龄以后,婴幼儿在活动中注意的时间开始逐渐延长。一般而言,这一月龄段的婴幼儿能够集中注意5分钟左右,但这一注意时长并不绝对,除了存在个体间差异外,还会随着活动的性质发生变化。例如,对适合其年龄特点的时长在15—30分钟的动画片,婴幼儿基本上也能够坚持看完。其次,注意的事物逐渐增多,范围也越来越广。例如,已能注意到爸爸买菜、妈妈做饭、奶奶洗衣服等周围人们的活动。此外,注意和认知过程相结合,能使婴幼儿获得更多的知识。

案例与分析

不同颜色的螃蟹

妈妈买了一些螃蟹,30个月的童童好奇地看着这些威武的家伙们。等妈妈烧好螃蟹后,童童又跑来看盘子里的螃蟹,然后自发地说:"没有煮过的螃蟹是青的,煮熟了的螃蟹是红色的。"

分析 这个案例可以说明童童已能够注意观察生活中的事物了。

① 曲东. 新妈妈最想要的婴幼儿护理全书[M].北京:新时代出版社,2013:285.
② 吕云飞,钟暗华.婴幼儿心理发展与教育[M].开封:河南大学出版社,2010:60.
③ 汤肖丽.2—3岁婴幼儿游戏的设计与实施[J].上海教育科研,2010,(2):93—94.
④ 吕云飞,钟暗华.婴幼儿心理发展与教育[M].开封:河南大学出版社,2010:56.

第二节 25—36 个月婴幼儿认知发展的教育活动指导

25—36 个月婴幼儿的身体、感知觉进一步发展,视觉、触觉、听觉等感知觉有了提升,这对婴幼儿的注意、记忆、思维等有重要的促进作用。而 25—36 个月的婴幼儿处于前运算阶段中的前概念阶段,是想象的萌芽阶段,此时对婴幼儿进行有针对性的认知教育,能培养其良好的学习品质,比如注意力、思维能力、想象力、创造力等,对婴幼儿以后的发展有着重要的作用。

一、25—36 个月婴幼儿感知觉发展的教育活动指导

实验研究表明,25—36 个月是婴幼儿形成感知觉的时期,这个时期是以情绪和感性为主,以后才是以知识为主。成人对婴幼儿应以进行感知训练和良好的行为习惯、品德观念的培养为主,不要过分强调文化知识教育。[①]

(一)发展指导

人的大脑所获得的信息,有 80%—90% 是通过视觉、听觉输入大脑的。因此,训练宝宝的观察力,要从保护感觉器官开始。尤其以眼睛的保护最为重要。如果任由婴幼儿长时间看电视,这对眼睛是非常不利的。

视觉发展指导:带婴幼儿到大自然中多看美丽的风景;把房间布置得色彩柔和而又漂亮;请婴幼儿按照颜色,为红、黄、蓝、绿四种颜色的积木进行归类等。

听力发展指导:可以让婴幼儿多听动人的音乐,成人多和婴幼儿进行对话等。

触觉发展指导:给婴幼儿洗澡时,用不同柔软度的刷子摩擦他们的身体;把他们包在床单里做大摇船的游戏,从而使婴幼儿的平衡能力、方位和距离知觉能力得到培养。[②]

(二)感官训练

1. 提供练习机会

适当的练习对任何学习都是必要的,从小对婴幼儿进行感官训练,给予他们充分的练习机会,会使其感官变得更加敏锐,提高感知能力,为其将来的成长奠定充分的基础。成人在给婴幼儿提供练习机会时,应注意以下几点:第一,练习必须考虑婴幼儿的接受能力。儿童的成长变化是十分迅速的,成人应结合他们的年龄特点,制定练习的项目、方式和时间,这是有效练习所必需的。第二,练习必须在成人的指导下进行。婴幼儿由于年纪

---

① 耿同满.运动养生与健康[M].北京:人民体育出版社,2008:255.
② 李淑娟.0—4 岁婴幼儿早教百科[M].北京:中国纺织出版社,2011:414.

较小、经验有限,在练习时,可能会出现一些不安全的因素,如将进行触觉训练的小毛球塞进嘴巴等,因此不管进行何种感官训练,成人都需全程在场。这种亲子间的活动不仅会促进婴幼儿的感官发展,且对其社会性、情绪情感发展也是十分有利的。第三,练习的方法要多样。多样化的练习手段能保持儿童活动的积极性,还可以从不同侧面强化某种感官能力。

2. 丰富感性经验

婴幼儿的智力和思维发展是建立在丰富的感性经验基础上的。丰富感性经验的方法可总结为让婴幼儿多看、多听、多尝、多摸、多闻。首先,在日常生活中,要给予婴幼儿充分接触环境的机会。有些成人认为孩子小,外出不安全,整天将其圈在家中,这无形中剥夺了婴幼儿感受外界丰富多彩的环境的权利。婴幼儿是在与环境的互动中开阔眼界、丰富经验的,成人要尽可能让婴幼儿接触不同类型的环境。其次,要帮助婴幼儿收获不同层次的感性经验。以听觉为例,应该让婴幼儿听不同的声音以丰富其听觉经验。孩子清醒的时候,需要成人的陪伴,这时成人可以经常唱歌或讲故事,并配合适当的表情和动作,尤其是母亲的轻声细语,让他爱上"听"。自然界或生活中有许多多有意思的声音,如呼呼的风声、滴答的雨声、清脆的鸟鸣、嘀嘀的车声等,成人应有意识地引导婴幼儿注意并聆听。此外,悦耳的音乐作品也是丰富听觉经验的有益材料。丰富听觉经验,体验不同的声音,不仅可以提高婴幼儿的听敏度,而且对其思维的发展也是很有帮助的。再

图 7 – 2　给孩子聆听不同的声音,丰富听觉经验

次,要帮助婴幼儿分析、剔除不良经验。婴幼儿的学习能力很强,他们在收获经验的同时,也会迅速体现在行为上。周围的环境是丰富多彩的,但并不是所有的事物都是有益健康的,如灼人的灯光、刺耳的响声等。当这些对感官有影响的刺激进入婴幼儿的视野时,成人要帮助其分析利弊,引导他们学会保护感官。

3. 遵循发展规律

婴幼儿的生理和心理发展都具有一定的顺序性和阶段性,在对其进行感官训练的时候,要了解不同年龄段婴幼儿的生理、心理特点,顺应他们的发展规律,进行相关的符合其发展水平的指导,循序渐进,千万不能盲目追求速度、揠苗助长。过早过多的早期训练不仅增加了婴幼儿的身心负担,对其长远发展也是极度不利的。在这点上,成人应摆正心态,要以自家孩子的发展水平为依据,结合家庭实际情况,进行富有针对性的指导,切忌盲目跟随、无谓攀比。同时,国外相关研究证实,个体从环境中吸取感知信息时,存在着不同的感官偏好,个体会按照自己不同的感官偏好选择合适的刺激与学习方式。在对婴幼儿进行感官训练的时候,要采取恰如其分的指导方式。

4. 联系实际生活

25—36个月婴幼儿最主要的生活环境是家庭,其接触的事物也大多是围绕日常生活起居的。因此,在对婴幼儿进行感官训练时,我们要围绕他们的生活环境展开。首先,帮助婴幼儿学有所用。婴幼儿和成人一样,若看到自己能够作用于周围的事物,心理上会产生强烈的满足感,因此,成人要积极帮助他们将学习到的本领应用于生活中。如学会区别配对以后,可以让其帮助妈妈摆放拖鞋。其次,训练的材料尽量简单易找。婴幼儿大多处于直觉行动思维阶段,在活动时,需要大量的材料辅助。这些材料如果简单易找,不仅能从小培养他们一物多用的思维,且方便成人随时随地与其互动。再次,摆脱无聊的纯粹训练。早期教育的目的不是训练技能,更不是培养天才,因此,在实施过程中,要避免一些无聊的纯粹训练,否则会伤害婴幼儿学习的积极性,反而得不偿失。

5. 用心保护感官

健康的感觉器官是进行正常的、有效的感知活动的必要条件。如果感觉器官受损,必然要影响婴幼儿的一切感知活动。近年来,近视眼的发病率越来越呈现低龄化的倾向。在25—36个月婴幼儿眼睛的保护上,可从以下几个方面入手:第一,保证充足的营养。胡萝卜素可在体内转变成维生素 A,这对视力有重要作用,成人可让婴幼儿多吃些类似动物肝脏、牛奶等有助视力提高的食物。第二,注意眼睛的卫生。由于婴幼儿免疫系统发育尚未完善,眼屎较多,他们会不自觉地用手去揉、抠,这都是不卫生的。家中应有专为婴幼儿准备的干净毛巾,用以清洗脸部。如果异物不慎进入,不能盲目清洗,要提起眼皮,让眼泪带动流出,或请医生帮忙。第三,注意培养用眼习惯。现在许多成人都会注意培养婴幼儿看书阅读的习惯,但由于婴幼儿眼睛发育尚不完善,视力还不稳定,如果长时间、近距离看书或看电视,容易造成视力下降或近视眼。所以36个月以内的婴幼儿一次阅读时间不可超过20分钟,看完书后,要让婴幼儿远眺,放松眼睛。此外,成人要定期对婴幼儿的眼睛进行检查,如发现异常,应及时治疗。

除了眼睛,耳朵是人类获取信息的第二大渠道。早在母体子宫内,婴儿的听觉器官便已迅速发育。新生儿基本已具备正常的听力水平,听力不好主要是因保护不力引起的。那么如何保护他们的耳朵呢?第一,要预防并积极治疗耳病。幼小的孩子经常感冒,这容易引起中耳炎,进而导致听力下降。因此一旦发现,要赶紧治疗,防止因反复感染而影响听力。第二,养成良好的卫生习惯。洗澡或游泳后,耳朵里会残余少量的水,要侧耳倒出或用棉签吸水,切忌用手挖。第三,保持安静,避免噪声。在婴幼儿的生活空间应尽量保持安静,在交谈、看电视、听音乐时,也要适当控制音量,避免对其耳膜的过度刺激,尤其是放鞭炮时,要引导婴幼儿捂住耳朵,远离声源。[①]

---

① 陈雅芳.0—3岁儿童心理发展与潜能开发[M].上海:复旦大学出版社,2014:25—37.

（三）感知觉训练游戏

1. 发出声音的瓶子[①]

游戏目的：发展听觉。

游戏材料：3—4个有盖子的瓶子，瓶子里面分别装着钉子、小石子、米粒、沙子、纸团等（共2套）。

游戏过程：

① 让孩子拿出一个瓶子摇晃，仔细听瓶子发出的声音。

② 让孩子在另一套瓶子中找与它发出同样声音的瓶子。

游戏提示：应选择不透明的、不易破碎的瓶子。游戏材料可放入区域中，供孩子反复游戏。

2. 比一比

游戏目的：锻炼并提高婴幼儿对长短的观察、认知以及判断能力，从而促进其视觉能力的提升。

游戏材料：一些外形相似、大小长短不一的物品（如筷子）。

游戏过程：

① 给孩子准备两根长短不一的筷子，让孩子指出哪一根筷子更长一些。

② 如果孩子一时说不出，可将筷子平放在桌面上，一端对齐，让孩子通过眼睛看、手触摸的方式辨别长短。

游戏延伸：除了筷子外，也可以带着孩子到外面的环境中去寻找比较的对象。例如：事先准备一个玩具小汽车，然后让孩子说出停在路边的汽车与玩具汽车比哪一个大；带孩子到水果摊上，比较西瓜和葡萄的大小或者香蕉与甘蔗的长短等。

二、25—36个月婴幼儿思维发展的教育活动指导

25—36个月婴幼儿的思维刚进入前运算阶段，认知活动带有明显的具体形象性和不随意性。在不同的教育条件和环境影响下，每个儿童的思维水平发展是不一样的，且培养儿童思维能力，开发儿童的智力，关系到儿童的成长和对未来社会的适应与作为，关系到社会进步和国家的兴衰。所以，在婴幼儿教育中应遵循他们思维发展的规律，结合思维发展的特点，有意识地培养和促进婴幼儿思维能力的发展。

（一）发展指导

1. 结合婴幼儿思维发展的特点促进其思维的发展[②]

（1）根据婴幼儿初期思维的直观行动性对其思维进行培养

首先，要为婴幼儿提供大量可以直接感知的玩具与活动材料。如果没有充分的玩、教

[①] 浙江省《幼儿园课程指导》编写委员会.教师资料手册（游戏）[M].北京：新时代出版社,2007：46—47.
[②] 王保林,窦广采.幼儿心理学[M].郑州：郑州大学出版社,2007：72—74.

具和活动材料,他们将不能有效地展开活动。因此,为了有效地促进婴幼儿思维的发展,使他们的认识能力得到进一步的提高,成人应该有计划、有目的、合理地提供活动的各种材料。

其次,为幼儿提供活动和操作的条件与机会。组织幼儿开展的各种活动应该是幼儿能亲自动手的,而且,应该允许幼儿边操作边思考。

(2)根据婴幼儿思维过程的特点对其思维进行培养

第一,通过观察,对具体事物进行分析综合。在丰富的活动中培养婴幼儿的分析综合能力,是促进其思维发展的有效途径。要通过观察具体事物,让婴幼儿充分感知事物的各个方面,对事物的具体特征进行分析综合。例如,孩子通过对蚕宝宝的观察,感知蚕宝宝身体的特征,以及它们的活动方式是爬动或是蠕动。

图 7-3 孩子在聚精会神地 观察蚕宝宝

第二,通过操作,对具体事物进行比较、分类。婴幼儿通过对物体的操作,能够对具体事物的特征直接感知,进行直接对比,找出物体之间的不同之处或相同之处。通过对物体相同之处的概括与判断,婴幼儿能够逐渐对事物进行分类。比如,孩子通过摆弄一堆插片,可以把具有相同形状的插片归类。婴幼儿在整理物品的过程中也能够获得比较具体物体的经验。通过操作和对具体事物的比较,可以促进婴幼儿分类能力的发展。

2. 通过提高婴幼儿的语言水平,促进其思维的发展

婴幼儿的思维一方面要借助具体事物的刺激,另一方面则要借助语言来进行,进而形成概念,因此,语言能力与思维能力的发展有着紧密的关系。事实上,婴幼儿的思维在很多时候会涉及对一些并不是在眼前出现的具体事物的想象,比如,教师和幼儿以及幼儿和幼儿之间,经常通过语言来进行交流、讨论,如果要弄清楚别人说话的意思,便要对说话的内容进行分析、综合、抽象、概括等。在交流、讨论等过程中,语言能力强的婴幼儿能够不停地通过思维来掌握有关概念。

(二)思维训练游戏

1. 欢乐小火车

游戏目的:通过观察,找出物体之间的不同之处,理解不同物体代表的寓意,培养婴幼儿的分析综合能力,促进其思维发展。

游戏材料:准备 3 个纸板,分别在上面画一个圆形,将圆形分别涂成红色、绿色、黄色。

游戏过程:

① 告诉孩子红纸板代表红灯,绿纸板代表绿灯,黄纸板代表黄灯。

② 妈妈与孩子前后站好,妈妈当火车头,孩子揪着妈妈的衣服做火车尾,爸爸拿着牌子。当爸爸举绿牌子时,"火车"启动,妈妈领着孩子小跑,且在孩子能够跟得上的条件下逐渐加快速度;当爸爸举黄牌子时,"火车"要慢慢放慢速度;当爸爸举红牌子时,"火车"完全停下来。

③ 玩过几次之后,让孩子当"火车头",尝试根据纸板颜色来判断是开还是停。

2. 找背面

游戏目的:通过让婴幼儿对事物的特征进行直接感知和对比,从而找出物体之间的相同之处,然后对物体相同之处进行概括与判断,以促进其分类能力的发展。

游戏材料:不同的物品;这些物品的正反面照片(如:玩偶的正面照片一张,背面照片一张;铅笔盒的正面照片一张,背面照片一张;孩子衣服的正面照片一张,背面照片一张等)。

游戏过程:

① 把所有物品的背面照片摆在孩子面前,然后成人拿着其中一种物品的正面照片,让孩子找出其背面的照片。

② 如果孩子正确找到了,给予鼓励和表扬;如果找错了,可以出示实物引导孩子寻找。

游戏提示:成人选取的物品应该是孩子生活中常见的,不能太抽象。

三、25—36个月婴幼儿记忆发展的教育活动指导

根据婴幼儿记忆特点,合理组织教育活动,在活动中有意识、有计划地培养和发展他们的记忆力,不仅关系着婴幼儿的智力发展,而且有着深远的社会意义。[①]

(一) 发展指导

1. 培养婴幼儿良好的情绪状态,激发他们记忆的兴趣和信心

良好的情绪状态、浓厚的兴趣和自信心,是记忆的催化剂。当婴幼儿处于积极的情绪状态时,他们兴趣强烈,充满自信心,记忆的效果比较好;反之,当婴幼儿兴趣淡薄、缺乏自信心时,他们的记忆效果比实际能胜任的差。所以成人不要动辄就批评孩子,以免使其产生自己笨、记性不好等自我认识,也不可单调地"罚做"、"罚背",以免对其记忆造成恶性循环。成人要善于培养婴幼儿良好的情绪状态,激发他们对记忆材料的兴趣,培养记忆的自信心,这样才能帮助他们逐渐形成一种"愉快记忆——记忆效果好——从中感到愉快"的良性循环。

2. 帮助婴幼儿明确记忆的目的

除了充分利用婴幼儿的无意记忆外,还要注意培养他们的有意记忆。老师或家长在

---

① 王保林,窦广采.幼儿心理学[M].郑州:郑州大学出版社,2007:50—53.

日常的生活和各种活动中,要经常向婴幼儿提出明确而具体的任务,提出记忆的要求。例如,老师可以经常问孩子:"看看我们的活动室里有什么变化?"外出散步时可以提出:"回来后比比看谁记住的事情多。"教育活动过程中还可以提出:"下次请你们表演这一内容"。事实证明,3岁左右的幼儿,如果没有成人的具体要求,他们是不会主动记忆的,而向幼儿提出具体的要求,有利于调动他们记忆的积极性,从而提高记忆的效果。

3. 尽力发展婴幼儿的形象记忆和情绪记忆

提供丰富的感性材料,采用有趣的教育方式,有助于发展婴幼儿的形象记忆和情绪记忆。婴幼儿的形象记忆占优势,因此,他们更易记住那些色彩鲜明、形象生动夸张、内容新颖有趣、活动着的对象,以及能引起他们的兴趣和情感体验的事物。教师应该为婴幼儿提供色彩鲜明、形象具体并有感染力的材料以吸引他们;在解释抽象的概念时,可运用具体形象的材料和教具,加深婴幼儿对抽象概念的记忆,这样他们才能记得又快又牢。例如,采用游戏、演木偶戏、放幻灯片、录像等形式来引发婴幼儿的兴趣,使他们在轻松愉快的情绪中获得深刻的印象,从而提高记忆效果。

4. 帮助婴幼儿进行及时、合理的复习

婴幼儿记忆保持时间短,记忆的精确性差,容易发生遗忘。因而,帮助婴幼儿进行及时、合理的复习十分重要。

德国心理学家艾宾浩斯根据实验,绘制出了有名的"遗忘曲线"(如图7-4所示)。从遗忘曲线可以看出,遗忘的进程是不均衡的。在学习停止以后的短时期内,遗忘特别迅速,后来逐渐缓慢,到了一定时间,几乎不再遗忘,即遗忘的发展是"先快后慢"。

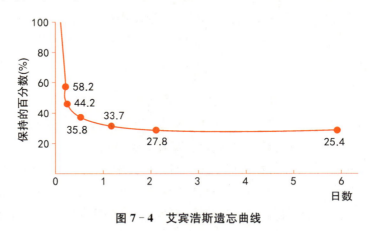

图7-4 艾宾浩斯遗忘曲线

根据遗忘"先快后慢"的规律,教师在教育活动中要帮助婴幼儿及时复习,要赶在大量遗忘发生之前将学习内容进行巩固。起初,复习的次数要多,每次复习的时间间隔要短,以后次数可以逐渐减少,时间间隔也可以逐渐延长。这样做,可以收到事半功倍的效果。

同时,复习的方式要灵活多变,尽量避免机械重复。例如,可以结合教育和日常生活,采用游戏、谈话、讨论等方法,让婴幼儿在活动中对需要记忆的材料进行巩固。否则容易引起婴幼儿大脑疲劳,从而降低复习的效果。另外,对于内容、性质相似的材料,在记忆和

复习时都要交错进行,避免相互干扰,以便提高婴幼儿记忆的正确性。

5. 帮助婴幼儿理解记忆材料,提高意义记忆水平

意义记忆的效果优于机械记忆,对记忆材料理解得越深刻,记得就越快,保持时间也就越长。因此,教师要善于采用多种多样的方法,尽量帮助婴幼儿理解记忆的材料,逐步学会从事物的内部联系上去记忆材料。同时,还要指导婴幼儿在记忆中进行积极的思维活动。例如,有时在教婴幼儿背古诗词时,先是要让他们了解诗词的内容,教师可以把诗词串起来编成一个故事讲给孩子听;然后通过提问和讲解,让他们理解诗词中的关键字、词,把要求记忆的内容同他们的知识经验尽量联系起来。这样,孩子就能很快记住了。

6. 让婴幼儿的多种感官参与记忆过程

实验证明,在记忆活动中,当有多种感官参与时记忆效果较好。在托幼园所的教育活动中,教师要创造机会,尽力使婴幼儿的各种感官都投入记忆活动,让他们在记忆过程中既听又看,还能动手操作等,这样就容易记得完整、牢固。例如,在引导孩子认识兔子时,可以让他们看兔子的外形,摸兔子的皮毛,学兔子的蹦跳,这样他们对兔子的认识就比较"立体",记忆效果就比较好。再如,在让孩子认识橘子时,老师可以让他

图7-5　孩子通过多种感官来认识兔子

们看看、闻闻、摸摸、尝尝,这要比单纯地让幼儿看或老师一味地讲效果好得多。

7. 教给婴幼儿多种记忆方法

婴幼儿记忆能力强弱的关键在于记忆方法的运用,教师在向婴幼儿传授种种知识的同时,还应该教给他们一些常用的记忆策略,要培养他们利用甚至创造各种记忆的方法。

(1) 归类记忆法

归类记忆法即把许多同类的事物归为一类,将记忆材料整理成有适当次序的材料系统。这样可以扩大婴幼儿记忆的容量,使材料更容易、更牢固地被记下来。例如,把衬衫、汗衫、长裤、短裙等归为衣服类,把糖果、饼干、面包、冰淇淋等归为食品类,这样就容易记忆。

(2) 比较记忆法

比较记忆法是对相似而又不同的记忆对象进行比较分析,弄清和把握它们的异同点,用以帮助记忆的方法,如引导婴幼儿比较韭菜和麦苗的异同。

(3) 整体记忆和部分记忆法

整体记忆是将材料整体一遍遍地进行记忆,直到完全记住为止。部分记忆是将材料分成几个部分,一部分一部分记,最后再合成整体记忆。如果材料的数量不多,一般用整

体记忆比较好;当材料较长时,应用部分记忆法较好。通常最好的是两种方法并用。如背儿歌,先整体上读通,再多读难度大的部分,后全部诵读,直到记熟为止。

(4) 联想记忆法

联想记忆法是利用记忆对象与客观现实的某种联系,建立多种联想而进行的记忆。例如,教师在给婴幼儿讲解"国家"和"世界"这两个抽象概念时,可采用空间上的接近联想的方法,从住的地方讲起:"左右邻居住的一长排房子叫胡同或街道,许多街道合起来叫区,许多区合起来叫县或市,许多县和市合起来叫省,许多省合起来叫国家,各个国家都合在一起叫世界。"

(5) 歌诀记忆法

歌诀记忆法就是把记忆的材料编成歌诀进行记忆。例如,在教幼儿认识数字时,有人编写了这样一首《数字谣》:"1像铅笔细又长,2像小鸭水中游,3像耳朵听声音,4像小旗迎风飘,5像衣钩挂衣帽……"

(二)记忆训练游戏

1. 模仿家

游戏目的:训练婴幼儿对事物的回忆及再现能力。

游戏材料:记录不同人良好行为的小视频。

游戏过程:

① 给孩子播放一个人良好行为的小视频。

② 关掉视频,让孩子模仿刚刚在视频上看到的人的表现。

③ 换另一个人的视频并重复步骤①、②。

游戏延伸:可以带孩子去公园观看猴、长颈鹿等动物,回来后让孩子模仿它们走路、挠痒痒、吃东西的样子。

2. 背古诗

游戏目的:训练婴幼儿的记忆能力。

游戏材料:一些四言句的小古诗。

游戏过程:

① 把诗词串起来编成一个故事讲给孩子听。

② 根据故事情节向孩子提问。比如,在给孩子讲《静夜思》的故事时,可以问孩子"诗人李白在思念什么"等。

③ 教幼儿背古诗。

游戏提示:可以把要求孩子记忆的内容同他们的知识经验尽量联系起来。

四、25—36个月婴幼儿想象发展的教育活动指导

想象力是创造发明的基础。有了大胆的创造想象,科学才会不断发展,有了丰富的想

象,时代才会不断前进。爱因斯坦说过:"想象力比知识更重要,因为知识是有限的,而想象力概括着世界上的一切,推动着进步,并且是知识进化的源泉。"在进入信息时代的今天,从婴幼儿开始,针对他们想象的发展特点,培养他们丰富的想象力和创造性想象,已成为教育中不可忽视的重要课题。

(一)发展指导

1. 扩大婴幼儿视野,丰富其感性知识和生活经验

想象的水平是依一个人所具有的表象的数量和质量的情况为转移的。对于同一事物,成人和婴幼儿想象的广度和深度都不一样,这主要是由于他们的表象积累,即已有的知识经验各不相同。所以想象虽然是新形象的形成过程,然而这种新形象的产生也是在过去已有的记忆表象基础上加工而成的,也就是说,想象的内容是否新颖,想象发展的水平如何,取决于原有的记忆表象是否丰富,而原有表象丰富与否又取决于感性知识和生活经验的多少。

案例与分析

想 象 与 经 验

一次,张老师带领孩子到户外活动。当看到蓝蓝的天上有片片白云时,有个孩子情不自禁地大声喊:"老师,我真想采下一片白云。"张老师问"为什么啊?""我想吃啊,好甜。那是棉花糖啊!"片片白云蓬松、柔软,多像一块块棉花糖! 看来这个孩子一定经常吃棉花糖。而另一个孩子则说:"那不是棉花糖,那是我爷爷放的一群绵羊",原来这个孩子的爷爷在农村养了一群羊。还有一个孩子说:"老师,那片最大的云好像司马光砸的缸。还有那片长长的是丝绸,很软的样子……"原来这个孩子的家长经常为孩子讲述中华优秀传统文化故事。

分析 可见,孩子的感性知识和生活经验对他们的想象是很重要的。孩子个体的经历不同,想象的内容也有区别。

知识和经验的积累,是婴幼儿想象力发展的基础。在实际工作中,教师要指导婴幼儿去感知客观世界,使其置身于大自然中,多让他们去看、去听、去模仿、去观察,通过参观、旅游等活动开阔婴幼儿的视野,积累感性知识,丰富生活经验,增加表象内容,为他们的想象增加素材。

2. 提高婴幼儿的语言水平,促进其想象能力的提高

婴幼儿想象力的发展离不开语言活动。想象是大脑对客观世界的反映,需要经过分析综合的复杂过程,这一过程和语言、思维的关系是非常密切的。通过言语,婴幼儿能得到间接知识,丰富想象的内容,也能表达自己的想象。所以在日常生活和教学活动中就要注意发展婴幼儿的语言能力,结合文学作品发展他们的想象能力。通过学习故事、诗歌等可以丰富婴幼儿的再创造性想象,激发他们广泛的联想。

案例与分析

怎么帮助小鼹鼠

在引导孩子们学习故事《小鼹鼠要回家》时,有这样一个问题:小鼹鼠克拉在外面蹦蹦跳跳地玩,迷路了,怎么办呢?此时,教师通过引导启发式的提问,开拓孩子的想象。孩子争先恐后地为小鼹鼠想办法,有的说小鼹鼠可以找警察叔叔啊!有的说小鼹鼠可以拨打110啊!有的说可以搭辆出租车吧!还有的则说,雷锋叔叔就爱送迷路的孩子回家……

分析 孩子们各抒己见,展开了丰富的想象。

3. 充分利用相关艺术活动发展婴幼儿的想象

艺术活动有助于婴幼儿想象力的培养。黑格尔认为最重要的艺术本领就是想象,艺术活动最重要的任务就是激发和引导婴幼儿的想象力。爱因斯坦说:"孩子们最大的乐趣在于幻想,每一个孩子的心都是一个充满幻想的神奇世界。"教师的教学应着眼于童心的释放,鼓励婴幼儿好奇心的张扬。

通过美术活动,可以为婴幼儿的想象发展插上翅膀。特别是意愿画,可以无拘无束地发挥婴幼儿的想象力,构思出奇特、新颖的作品。然而传统的美术教学则侧重于让孩子临摹范画,训练他们的绘画技能,把形象逼真作为评价优秀作品的唯一标准。这种陈旧的教学方法过多地突出了教师的灌输作用,结果培养出的都是一些技能型、模仿型、重复型的小大人。所以在教学过程中,教师要激发婴幼儿的灵感,放飞婴幼儿的想象,鼓励婴幼儿大胆作画,让他们充分发挥自己的想象力,创造出优秀的作品来。评价婴幼儿的美术作品时,教师不能以成人的眼光,更不能以"像不像"为标准。即使孩子画得不像,也要与他们交流,知道他们的所思所想。

案例与分析

有缺口的月亮

有一次,张老师组织孩子画意愿画《梦》。有个孩子画了月亮和星星,但是,画的月亮有个大缺口,说是月亮不像月亮,说是星星又没有棱角。张老师就问:"你怎么把月亮画成这样子啊?能告诉老师是为什么吗?"孩子受到鼓励,表达了自己的想象,说道:"我奶奶说,天狗吃月亮,从这儿咬了一口。"孩子边说边得意地指着缺口。张老师恍然大悟,及时表扬了这个孩子,并用稚趣的故事讲述了月食的形成过程。

分析 张老师并未以像或不像为标准来评价孩子的作品,而是及时与孩子交流,了解他的创作意图。

音乐舞蹈活动也是培养婴幼儿想象力的重要手段。通过对音乐舞蹈的感受,婴幼儿可以运用自己的想象去理解所塑造的艺术形象,然后运用自己的创造性想象去表达艺术形象。比如,老师在音乐欣赏时放一段音乐,让婴幼儿去听、去想、去思考,当老师播放情绪激昂的进行曲时,孩子们会雄起起气昂昂地大踏步前进,还说自己是解放军、是小海军等。当播放一段轻音乐时,孩子们会很安静,有的说:"老师,我做了个梦,梦见自己变成了蝴蝶,在花丛中飞啊飞啊,我好美啊。"在优美的音乐中,孩子们的情绪兴奋愉快,想象力得到尽情的发挥。

4. 通过游戏活动推动婴幼儿的想象,使其处于活跃状态

在游戏过程中,婴幼儿可以通过扮演各种角色,发展游戏情节,展开自己的想象。

案例与分析

开　火　车

在一次开火车的游戏中,张老师观察发现:孩子会骑在小凳子上,嘴里边叫着"滴滴……嘟嘟……"边唱着儿歌"一列火车长又长,运粮运煤忙又忙,钻山洞,过大桥,呜——到站了。"

分析 孩子自然地置身于自己的想象中,俨然就是一名列车员。

教师可经常为婴幼儿安排各种游戏活动,例如,大小肌肉游戏、美工活动、听音乐、听故事、看图画、积木游戏、玩水、玩沙、各种假想游戏等,把婴幼儿的思维和想象充分调动起来,让他们的想象力在轻松的游戏氛围中得到充分发展。

玩具在婴幼儿想象中的作用也不可忽视。玩具为婴幼儿的想象活动提供了物质基础,能引起大脑皮层的复活和接通,使想象处于积极状态。玩具容易再现过去的经验,使婴幼儿触景生情,从而展开各种联想,启发他们去创造,促使他们去想象。有时婴幼儿可以长时间地沉湎于自己的玩具想象中。比如,婴幼儿抱着布娃娃做游戏时,会把自己想象成"爸爸"或者"妈妈",还会自言自语地说"娃娃不哭,妈妈抱抱,娃娃睡觉"等,这些有趣的游戏,能够活跃婴幼儿的想象,促进他们想象力的发展。

5. 创造条件,鼓励婴幼儿大胆想象

给婴幼儿自由的空间,包括思想上的、行为上的自由,不要定格他们的思维,更不要扼杀他们的想象,要让他们异想天开。传统的教育往往很死板,直接告诉孩子天是蓝的,太阳是圆的,没有留给孩子想象的空间,扼杀了他们想象的天性。素质教育倡导开发婴幼儿的创造性思维,培养他们的创造性想象。相传,歌德的妈妈就很注重孩子想象力的培养。歌德小时候,妈妈给他讲述故事时,讲一段总是停下来,让歌德自己去想象故事的发展,也许正是基于这种想象力的培养,最终使歌德成为世界上著名的大作家。

6. 正确引导婴幼儿的想象,促进其想象的发展

启发鼓励婴幼儿大胆想象,同时又要加以正确引导,使他们的想象符合客观实际。想象是创造的前提,要从小培养婴幼儿敢想、爱想的性格和习惯,不要打击其想象的积极性。对婴幼儿过分夸张的和以假当真的想象要适当加以纠正,更忌故意逗引婴幼儿信口开河。

成人可以用语言引导婴幼儿的想象活动,使之围绕一定的主题进行。

案例与分析

> **围绕主题的想象**
>
> 在一次"娃娃家"的活动中,张老师看到孩子抱着娃娃呆坐着,于是和她说:"你的娃娃是不是饿了?喂她点东西吃好吗?"孩子听后,马上给娃娃"喂饭"了。
>
> 通过张老师的引导,孩子头脑中妈妈喂饭的表象就会活跃起来,于是便去做"喂娃娃"的游戏了。
>
> 之后,这名孩子对"喂娃娃"感到厌烦了,想去玩"看医生"游戏时,张老师对她说:"你的娃娃好像有些不舒服,带她到医院看看吧!"
>
> **分析** 张老师帮助孩子把两个游戏联系起来,这样既能满足孩子想玩"看医生"游戏的愿望,又丰富了"娃娃家"游戏的内容。更重要的是,尽管游戏内容有所变化,但都是围绕一个主题进行的。经过多次引导,孩子就能主动围绕一个主题进行有意想象了。

成人也可以提出一些简单的任务,让婴幼儿为了完成这一任务而积极想象。例如,教师可以请孩子看着黑板上的圆圈想一想,什么东西是圆的?这个像什么?以圆圈为题,3岁的孩子也可以想出很多形象,如太阳、皮球、烧饼、扣子、汽车轮子、元宵等。这样做一方面可以培养婴幼儿有意想象的能力,另一方面也有利于发展他们的创造想象。[①]

(二)想象力训练游戏

1. 故事大王

游戏目的:锻炼婴幼儿的想象力。

游戏材料:彩纸、画笔。

游戏过程:

① 让孩子往彩纸上自由画画,画出不同的角色。

② 让孩子根据画出来的角色编出新故事。

游戏延伸:可以让孩子把故事表演出来。

2. 故事接龙

游戏目的:和婴幼儿一起编故事,让他们的联想更敏捷。

---

① 王保林,窦广采.幼儿心理学[M].郑州:郑州大学出版社,2007:61—63.

游戏材料：无。

游戏过程：

① 晚上睡觉前，妈妈和孩子坐到床上。

② 亲子间进行故事接龙。比如，妈妈说："中午的时候，有只小熊出去玩，遇到一只小狗。"孩子接着说"小狗摇摇尾巴，向小熊问好。"妈妈说："小熊也礼貌地向小狗问好，并邀请小狗到家里做客。"孩子说："小狗跟着小熊到家里做客。"妈妈说："可是，小狗又想起妈妈这时候应该在家里等自己回家吃饭……"

游戏提示：开始的时候，接一句就行，不要太长。如果太长了，孩子就有可能把握不住故事情节，这样反而会增加续接的难度，因为孩子本身要把精力放在续接下一个情节上。

游戏延伸：大人可以引导幼儿发挥无限的联想编故事。

怎样面对 25—36 个月孩子的想象力①

　　25个月以后，孩子就开始运用大脑中已经收集到的事物表象，即运用大脑中积存下来的对事物的印象做事情，当这些事物不在的时候，孩子似乎仍然能看到它们，他会把在成人那里看到的一些行为用来去针对另外一些熟悉的物品。妈妈是怎样照顾他的，他有可能在妈妈离开后，自己玩耍的时候，用同样的方式照顾自己的布娃娃，也会用家人互相对待的方式来对待玩具小熊。

　　在25个月的时候，孩子已经能比较准确地模仿他大脑中的印象行为，越靠近36个月，他越会把这种已经熟识的印象行为加以改造。在改造行为未完成的时期，叫作想象。所以孩子的想象一定是建立在实际生活的经验基础之上的。孩子的想象不会是天马行空，将东想成西，但不能苛求这个年龄的孩子具有成人的想象力，其想象模式也完全不同。

　　有时，我们发现自己蹒跚学步的孩子正和小玩具熊一起吃早餐，他会小心地一小口一小口地咬着果酱面包，并试图去喂小玩具熊。看上去他和小玩具熊在游戏中非常亲热，似乎小玩具熊真的具有生命。儿童将玩具设想成一个真实的实体，是表象思维发展的一个重要阶段。我们将这样的现象也叫作儿童的想象。这种情况还表现在一个孩子突然躺在地上，扭动着自己的身子，当你从他身边走过时，他大声地朝你喊叫：我是一条蛇！接着龇牙咧嘴地朝你蠕动过来。孩子可能将某一天在动物园或电视里看到的蛇的表象与自己的身体合二为一，创造性地使用了蛇的表象。

　　面对这种情况时，成人的反应决定了儿童对表象的认知和利用是成功的还是失败的。当孩子在吃早餐时与小熊不断地亲热，黏黏糊糊地拖延时间，你的态度应该是容忍的还是不耐烦的或者是肯定的呢？当你持否定的态度时，你会说："快点把早

① 李跃儿.关键期关键帮助［M］.北京：国际文化出版公司，2015：73.

餐吃完,不要磨磨蹭蹭的。"或者说:"那个小熊是假的,是不会吃饭的。"持肯定的态度时,你会说:"是啊,你真的把小熊喂得很饱。"不同的回答方式会使你的孩子的发展方向不同。

与完全否定相反的是不恰当的肯定。当一个25个月的小孩指着一条很像辛巴的小狗说:"看狮子辛巴!"这时成人如果说:"呀,你真棒,真的是小狮子辛巴啊。"这样的肯定就会给孩子带来概念混乱。成人应该说:"这条小狗真的像小狮子辛巴。"

当孩子拿着筷子交叉说这是飞机时,我想妈妈不应该肯定地说这真的是一架飞机。如果说"嗯,真的很像飞机",可能更好一点儿。这样既给孩子输入了正确的概念,又肯定了孩子的发现。

当一个孩子在地上蜷曲着,把自己想象成一条蛇,你从身边经过,他一下子抱住了你的腿,而且朝你大喊:"我是一条蛇!"你只需喊"救命啊"就可以了,而不用肯定地说:"你真是一条蛇啊。"这样的肯定会使孩子过多地练习以蛇自居,时时刻刻想象自己就是一条蛇。如果你肯定地说"你就是那条蛇啊",孩子就可能会出现心理角色的错位。"开发儿童的想象力"这句话,是一句危险的口号,这意味着成人要特意使用一定的手段去促使孩子想象。孩子是否出现了想象的行为,或大脑中出现想象的工作,都是很自然的事情,不是成人能够阻拦得住的,也不是成人能够帮助他们创造出来的。当孩子出现想象行为时,成人只需像看到平常的状态一样,用平常的心态去对待即可。

五、25—36个月婴幼儿注意发展的教育活动指导

25—36个月的婴幼儿注意力集中的时间通常能保持5分钟左右,有的婴幼儿注意力集中的时间甚至更短。这一年龄段的婴幼儿,自身行为和能力之间经常发生冲突,有时表现得很乖巧,但有时就表现得极为暴躁;他们似乎有用不完的精力,总是一刻也停不下来,但也有注意力非常专注的时候。成人在进行训练时要更加耐心,循序渐进地培养婴幼儿的注意力。

(一)培养要求

1. 关注婴幼儿的个性

婴幼儿在25—36个月的时候,个性特征已经凸显出来了,自我意识越来越强,常常会通过一系列的活动来检验自己,并且越来越重视自己的成功。因此,在进行注意力训练的过程中,帮助婴幼儿树立成功的信心是十分重要的。例如:成人应尽量让孩子自己完成全部或者大部分训练内容,以便激发他们的自豪感和满足感;在每次面临新的挑战时,让孩子学会独立、勇敢地解决困难,敢于承担责任;给予孩子最肯定的答案与安全感,如当成人外出办事情时,一定要告诉孩子回来的时间,这样可以减轻他们的恐惧感。此外,还要

在日常生活当中倾听孩子的倾诉,这些做法能够促进他们的心理发育,对于注意力的训练起到积极的促进作用。

2. 在表达交流中满足婴幼儿的好奇心

25—36个月的婴幼儿的言语能力得到迅猛发展,开始有了自己的想法,并且能够用越来越准确的、生动形象的语言表达出来。这表明婴幼儿的自我思维能力在不断提高,需要在成人的配合下顺利度过自我表现欲强烈的时期。在表达的过程当中,婴幼儿的表达欲得到了满足,注意力能够保持高度集中。

应该指出的是,当成人与婴幼儿谈话的时候,应当完全杜绝他们漫不经心的态度,如果这种"你说你的,他说他的"的现象没能得到纠正,长此以往,他们就会养成不注意听别人说话的不良习惯,且这种不良习惯还会延续到孩子做事、看书等活动中,增加注意力训练的难度。

3. 选择适当的环境

处在这个阶段的孩子活动量明显增加,所以成人在训练时应尽量选择相对安全的环境,因为婴幼儿在安全的环境当中没有顾虑,可以尽情地跑、跳,并且可以变换游戏的方式,这样注意力也会更加集中。

4. 注意循序渐进

在循序渐进中培养孩子的注意力尤为重要,这一年龄段孩子的情绪变化较明显,成人绝对不能急于求成,即期望在短时间内就能获得明显的效果。这样做不仅会违背孩子的生长发育规律,还会使其对训练产生厌烦情绪。[①]

(二) 注意力培养游戏

1. 扔纸球[②]

游戏目的:培养婴幼儿的注意力。

游戏材料:篮子一个,旧报纸数张。

游戏过程:

① 将篮子放在与孩子有一定距离的位置上,然后同孩子一起将旧报纸揉成纸球。

② 与孩子轮流扔纸球,每人扔10个,看谁扔进篮子里的球多。

2. 对号入座

游戏目的:培养婴幼儿的注意力。

游戏材料:玩具4—5个。

游戏过程:

① 将孩子的四五个玩具放在一起,给每个玩具前面都放一个号码牌,让孩子仔细看3分钟。

② 将玩具拿走,然后弄乱,让孩子将玩具放到原来的号码牌旁边,看能不能对号入座。

---

① 鹿萌.中国儿童早期注意力培养(0—6岁)[M].北京:中国妇女出版社,2010:126—128.
② 鹿萌.中国儿童早期注意力培养(0—6岁)[M].北京:中国妇女出版社,2010:133—134.

本章小结

　　25—36个月的婴幼儿感觉和知觉发展迅速,并日趋完善。视觉方面,25—36个月婴幼儿的颜色知觉发展得很快,如果通过良好的教育,他们可以说出15—20种颜色。听觉方面,婴幼儿能表现出跟着音乐节拍的身体动作。触摸觉方面,婴幼儿不会像原来那样把东西扔掉或推开,而更多的是用手去旋转它、触摸它。25—36个月阶段的婴幼儿思维属于直觉行动思维发展模式,其特点表现为思维紧密依附于具体的、直观的行为和动作。在记忆力发展方面,25—36个月婴幼儿记忆力发展迅速,其速度远远超过理解力,动作和形象记忆的发展在心理表象中起着很大的作用。此外,25—36个月婴幼儿的言语也逐渐发展起来,想象活动随之有所发展。婴幼儿言语的产生与发展使他们的注意又增加了一个非常重要而广阔的领域,即注意活动进入了更高层次,注意的持续时间、转换、广度、分配都有了进一步发展,但是无意注意仍占主导地位。25—36个月的婴幼儿处于前运算阶段中的前概念阶段,是想象的萌芽阶段,此时对婴幼儿进行有针对性的认知教育,能培养其良好的学习品质,比如注意力、思维能力、想象力、创造力等,对婴幼儿以后的发展有着重要的作用。

思考与练习

　　1. 25—36个月婴幼儿注意发展有什么特点?

　　2. 25—36个月婴幼儿认知发展的教育意义是什么?

　　3. 结合见习活动的收获,谈谈如何培养婴幼儿的记忆力。

第八章

婴幼儿认知发展常见问题与对策

1. 认识并了解婴幼儿认知发展中的常见问题。
2. 树立认知发展常见问题的早期发现与早期干预意识。
3. 掌握婴幼儿认知发展常见问题的对策。

本章
导览

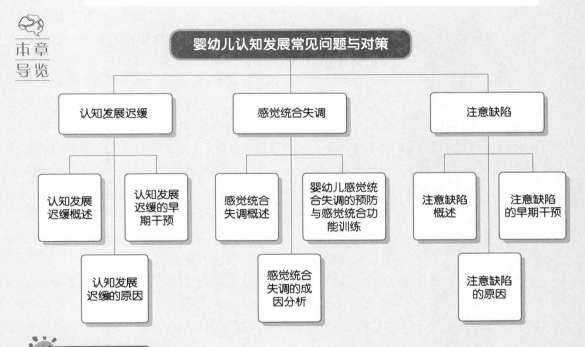

婴幼儿认知发展常见问题与对策
- 认知发展迟缓
  - 认知发展迟缓概述
  - 认知发展迟缓的早期干预
  - 认知发展迟缓的原因
- 感觉统合失调
  - 感觉统合失调概述
  - 婴幼儿感觉统合失调的预防与感觉统合功能训练
  - 感觉统合失调的成因分析
- 注意缺陷
  - 注意缺陷概述
  - 注意缺陷的早期干预
  - 注意缺陷的原因

本章导语

　　民民是个3岁的男孩子,上幼儿园托班。在家里还是比较乖的,让学什么东西都能学,跟大人沟通也很好。但是到了托班以后,问题出来了:不跟小朋友玩,老跟着老师,上果不能坐好听讲,眼睛根本不看老师,自己想干什么就干什么;做操不听指令,也不模仿老师做动作,乱跑。在托班,他是对什么感兴趣就做什么。民民的爸爸妈妈很困惑:孩子是不是得了多动症?或者孤独症?为什么比别的孩子差?为什么教育他这么费劲?咨询了专门的儿童心理专家才知道民民原来是有感觉统合失调的问题。[①]

　　什么是感觉统合失调问题? 0—3岁婴幼儿认知发展的常见问题还有哪些? 成人又该采取什么对策进行早期干预? 下面让我们一起学习婴幼儿认知发展的常见问题与相应对策。

---

① 杨霞,叶蓉.儿童感觉统合训练实用手册[M].上海:第二军医大学出版社,2007:1.

第一节　认知发展迟缓

一、认知发展迟缓概述

儿童的认知功能显著落后于其实足年龄应有的表现,或各认知功能间的水平差距显著大于其实足年龄应有的表现,都是认知发展迟缓的现象。[①]

图 8-1
孩子把电话放在耳边,
像真的在打电话一样

认知发展遵循着可预见的发展路线。比如,对于客体永久性及重力作用的意识能表现出婴幼儿心智能力的发展。婴幼儿会预期到周围重要的人作出的反应,这表明他记得过去的经历,并会把这些经验应用到现在遇到的问题上。比如,两个月大的孩子就可能对爸爸和妈妈有着不同的期望。他可能会期待爸爸和他玩,又期待妈妈的关爱。他面对父母作出的不同反应也表明了他的不同期待。到 5 个月时,婴幼儿对于陌生场所的审视和对古怪声音表现的惊讶反应都展示了明确的预期。接下来的几个月,婴幼儿会慢慢开始理解因果关系。

约 15 个月时,婴幼儿已经学会象征性思维了。当他看见一个玩具电话时,会把它放在自己耳边,仿佛这是一个真的电话似的。但如果他把玩具电话往地上摔,或是把它放进自己嘴里,以其他看似不了解玩具用途的方式玩耍的话,可能就是认知发展迟缓的信号。这通常会出现在患有自闭症谱系障碍的孩子中(如自闭症、阿斯伯格综合征或广泛性发展障碍),也可能预示着婴幼儿在开口讲话方面有点迟钝,因为词汇都是符号,只有当婴幼儿理解符号代表的意思时才能有效使用它们。

当上述预期和能力出现的时间有延迟时,可能意味着婴幼儿的理解能力发展迟缓,这可能是信息处理方面受到了干扰,比如学习能力缺失或其他神经系统失调,也可能是由于经验不足导致的,面对新玩具和陌生人缺乏经验。如果婴幼儿生活在一个充满关爱的环境里,没有早产或其他类似问题,这些预期和能力出现的时间一般不会比其他同龄孩子的平均水平晚两个月以上。

需要格外注意的是,运动发育迟缓并不意味着认知发展迟缓。比如,当婴幼儿四肢不全或患有严重脑瘫时,尽管他无法对周边环境作出反应,但依旧会发展出客体永久性的意识,并认识到事物的因果关系。

---

① 王辉.特殊儿童教育诊断与评估[M].南京:南京大学出版社,2007:89.

因 果 关 系

有一次,医生给一个 8 个月大的孩子做检查。医生将玩具往地板扔,尽管孩子的两只手臂无力,但她依旧会看着地板寻找掉下去的玩具。当医生用一个发条玩具测试孩子对于因果关系的认识时,她会很着迷地看着这个玩具,头和视线跟随着这个玩具在桌面上移动。当玩具停下来时,她会看着医生,然后嘴里嘟囔着,仿佛在说:"让它往前走。"她会把头向前伸,看着医生的眼睛。孩子的妈妈说:"当她想做什么但没法做时,就是这个样子。"

与之形成对比的是,那些因为生活环境不佳而无法健康成长的同龄孩子,他们在接受检查时无法作出任何反应。他们完全不了解那些可以帮助自己学习的玩具,也无法像之前提到的那个孩子一样向医生示意让玩具往前走。不过,随着在医院里受到的关爱和呵护越来越多,这样的孩子也开始对玩具和人产生了兴趣。不到 10 天,他们就逐渐学会了一些东西。比如,孩子在第一天学会了客体永久性的概念,几天之后又明白了发条玩具的工作原理。他们会打量医生,判断该医生是否值得信任,然后把玩具交给医生示意"让它往前走"。[①]

分析　孩子仅仅通过眼睛观察,就学到了因果关系的概念。

二、认知发展迟缓的原因

一般而言,大部分婴幼儿会遵循正常的生长规律和发展顺序,但部分婴幼儿可能因为某种遗传或环境因素而造成其发展上有不同程度的落后现象,或赶不上该年龄应有的程度。[②] 婴幼儿认知发展迟缓的原因有很多,已知原因有以下几点:

(一) 产前因素

如母亲怀孕时期抽烟、酗酒等;婴儿有遗传缺陷(如染色体基因异常)等。

(二) 生产过程因素

婴幼儿出生时的问题也会导致身体障碍。有时婴儿在出生过程中未能得到足够的氧气,婴儿头部血管可能在难产中破裂,阻止氧气流动。婴儿还可能发生脐带缠绕。在一些病例中,婴儿出生后立即发生呼吸困难,需要戴上氧气面罩,甚至上呼吸机来进行新生儿氧气干预。这些经历会影响大脑发育,导致婴儿的认知发展迟缓。

① (美)贝里·布雷泽尔顿,(美)乔舒亚·斯帕罗.儿童敏感期全书(0—3 岁)[M].严艺家,译.海口:南海出版社,2014:236—237.
② 何侃.特殊儿童康复概论[M].南京:南京师范大学出版社,2015:8.

（三）产后因素

1. 父母育儿方式不当

研究发现，得不到父母的回应、认可、鼓励，以及井井有条的照顾的生活贫困婴儿，往往表现出较差的认知能力。而得到父母较为积极照顾的婴儿，尽管生活贫困，发生认知发展迟缓的概率却较小。

2. 营养不良

在低收入家庭中，营养不良很常见。研究发现，在贫困的非洲裔和拉美裔美国婴儿中，以及在经济欠发达国家的婴儿中，缺铁性贫血和蛋白质缺乏尤为普遍。遭受这种不幸的婴儿在认知发展测评时表现较差。对于因营养不良导致的这种不良影响，一种解释是，在婴儿大脑快速发展的关键时期，营养不良会严重抑制他们的神经系统发育。[1]

3. 环境影响

接触含有毒性的金属物质（如油漆中的铅），有可能导致婴幼儿认知发展迟缓。认知发展迟缓的婴幼儿，所能达到的认知发展阶段较一般婴幼儿低，也因而影响其语言能力与社交能力。

造成认知发展迟缓的因素甚多，无法一一列举，这包括唐氏综合征等其他导致精神发展迟缓的因素，比如胎儿酒精综合征。此外，各种学习障碍最早也通过不明原因的认知发展迟缓表现出来。如果父母和儿科医生都认为婴幼儿存在发展迟缓的现象，或是父母对婴幼儿的表现持续担忧，可以到神经科专家、儿童精神科医生或儿童心理学家那里接受进一步评估。

在出生时未被诊断出来的感官障碍，比如视力或听力问题，也会导致认知发展迟缓。早期检查很重要，而早期干预可以帮助婴幼儿尽力赶上其他孩子的发展速度。一些简单的听力或视力测试可以在儿科医生的办公室里完成，一些比较复杂的问题只能由眼科医生、听力专家或耳鼻喉科专家作出诊断。[2]

三、认知发展迟缓的早期干预

早期干预是指利用多专业整合服务，协助解决认知发展迟缓儿童的家庭、医疗、教育及社会保障等方面的相关问题，并根据儿童的独特性及个别需求，通过专业团队的介入，拟定一套完整的干预计划，并定期讨论与修正。

早期干预通过评估儿童的康复需求，提供适当的教育及康复治疗，如物理治疗、作业

---

① （美）杰弗里·特拉威克-史密斯.儿童早期发展：基于多元文化视角（第5版）[M].鲁明易，张豫，张凤，译.南京：南京师范大学出版社，2012：148—149.
② （美）贝里·布雷泽尔顿，（美）乔舒亚·斯帕罗.儿童敏感期全书（0—3岁）[M].严艺家，译.海口：南海出版社，2014：236—237.

治疗或言语与语言治疗等,并提供家庭支持性与协调性的服务。这对预防儿童残疾、减轻残疾程度、有效促进残障儿童早期康复至关重要。

　　未满 6 周岁的儿童如有认知等方面的发展异常或预期会有发展异常的情况,则需要接受早期干预。儿童与成人最大的不同在于儿童大脑的可塑性大,拥有发展的空间。因此,6 岁前是人生发展的黄金时期,这段时期的早期干预将关系到儿童日后身心各阶段的健康发展,6 岁前如能接受早期干预,其 1 年的疗效相当于 6 岁后 10 年的疗效,3 岁前更被称为最佳干预时期。据世界卫生组织估算,每投入 1 元用于早期干预,可节省日后特殊教育 3 元的成本。因此,对于残障儿童而言,早期干预不但能减轻儿童发展迟缓或障碍的程度,更能预防残障的衍生障碍,发挥儿童的最大潜能。就家庭而言,可减轻儿童家长的照顾压力和后续压力。就社会而言,也能降低未来医疗、教育、社会保障成本的支出,如降低学龄段对特殊教育的需求等。最终,儿童各领域的发展都会有某些程度的进步,包括生理、认知、语言与言语、社会发展及生活自理等方面。轻度障碍儿童能自理生活,回归正常发展;中重度障碍儿童亦能增强其功能,减少他们对他人、家庭和社会的依赖。[①]

　　婴幼儿的认知能力是逐步发展的,并遵循一定的规律。下面我们按年龄段分别推荐若干活动来对认知发展迟缓婴幼儿进行早期干预。

(一)0—1 岁婴幼儿

在婴幼儿 0—1 岁期间,对认知能力的培养主要是在感知觉、注意、记忆等方面。

1. 感知觉

感知觉训练是认知过程的开端。我们将围绕看东西、对声音有反应等训练点,以活动的形式,通过多感官刺激,促进孩子感知觉能力的发展。

(1)看东西

活动名称:看一看。

活动目标:能够用眼睛去注视一个物体一段时间。

活动准备:毛绒玩具熊。

活动过程:

①孩子取仰卧位,教师将毛绒玩具熊放在孩子眼睛上方 20—30 cm 处,轻轻晃动。

②教师用语言与孩子交流,引导孩子注意眼前的玩具。教师在孩子眼睛上方将毛绒玩具熊向下缓慢移动,观察孩子对玩具的反应。

③教师将毛绒玩具熊移至孩子眼前,轻抚孩子脸颊,从触觉上让孩子对毛绒玩具熊有进一步的认识。

小贴士:活动中,教师要密切注意孩子的反应,对于反应较迟钝的孩子,教师应从多

---

① 何侃.特殊儿童康复概论[M].南京:南京师范大学出版社,2015:10—11.

方面吸引他们注意眼前的物体,如用亲切的语言、颜色鲜艳的玩具,或者选择一些会发声的玩具。

(2) 对声音有反应

活动名称:听教师说话。

活动目标:对熟悉的教师的声音有反应。

活动过程:

① 孩子取仰卧位。

② 教师可在孩子周围的不同方向用说话声训练他们转头寻找声源。

③ 教师用愉快、亲切、温柔的语调面对面地和孩子说话,以吸引孩子注意成人说话的声音、表情、口形等,诱发孩子良好、积极的情绪和发音的欲望。

④ 改变对孩子说话的声调来训练他们分辨各种声音的能力。

小贴士:不要突然使用过大的声音,以免他们受惊吓。

2. 注意力

这一部分主要围绕注视视线内活动的物体、视线随物体转动、对感兴趣的事集中注意力三个训练点,以游戏为主要形式,促进孩子注意力的发展。

(1) 注视视线内活动的物体

活动名称:小兔子在哪里。

活动目标:孩子能够注视在视线内跳动的教师。

活动准备:小兔子头饰。

活动过程:

① 孩子坐在教师的腿上,教师与孩子面对面。

② 主讲教师拿出小白兔的图片,引导孩子看图片并一起念儿歌《小白兔》:

> 小白兔,白又白,
>
> 两只耳朵竖起来。
>
> 爱吃萝卜爱吃菜,
>
> 蹦蹦跳跳真可爱。

③ 主讲教师告诉孩子:"快看,可爱的小白兔来了!"

④ 辅助教师戴着小白兔头饰,在孩子前面慢慢跳动,一边跳一边念儿歌《小白兔》,以吸引孩子的注意力。

⑤ 对于精神不集中的孩子,辅助教师可以在他面前多停留一会儿。

⑥ 主讲教师提示孩子视线随着辅助教师的移动而进行追视。

小贴士:教师在教学过程中可以依据具体情况来选择色彩鲜艳的玩具代替小白兔图片。对于弱视孩子,教师在移动玩具时动作要更慢一些。辅助教师可依据孩子的能力,将移动的位置与孩子眼睛的距离调整得近一些。

（2）视线随物体转移

活动名称：小鱼跳。

活动目标：能够追视摆动的小鱼。

活动准备：筷子、线绳、红色的小鱼玩具。

活动过程：

① 教师将线绳的一端系在木棒或纸棒上，另一端系在小鱼玩具上。

② 孩子取仰卧位，教师将做好的教具放在孩子眼睛上方轻轻晃动，以吸引孩子的注意。

③ 教师对孩子说："宝宝，这是小鱼，它是红色的，你看，小鱼要跳起来了。"

④ 教师在孩子上方向左右、上下摆动小鱼，引导孩子的眼睛随着小鱼转动。

小贴士：教师提示孩子眼睛看着小鱼，再将小鱼慢慢地上下、左右移动。教师刚开始训练孩子时，摆动小鱼的速度要慢，幅度要小，随着孩子能力的加强再逐步增加训练难度。

3. 记忆力

这一部分主要围绕三个训练点，以活动形式展开训练，期望通过学习提高孩子的记忆能力。

（1）想要亲近的人抱

活动名称：老师抱我。

活动目标：孩子能让其所熟悉的教师抱抱。

活动准备：儿歌。

活动过程：

① 孩子仰卧在床上。

② 教师与孩子面对面，面带笑容且温柔地说话或念儿歌。

③ 教师抱起孩子，并继续与孩子一起玩耍。

④ 经过一段时间，孩子就会养成让教师抱着自己的习惯。

小贴士：建议教师在课前与孩子问好或在鼓励孩子时更多地拥抱他们，以便孩子慢慢明白"拥抱"的意义。

（2）见到熟人和陌生人有不同表现

活动名称：找教师。

活动目标：能够主动对熟悉的人表示亲近。

活动准备：选择两个教师，其中一个是孩子比较陌生的。

活动过程：

① 教师抱着孩子，让另两个教师（一个熟悉、一个陌生）出现在孩子的视线里。

② 教师对孩子说："宝宝，王老师在哪儿?"

③ 两位教师同时向孩子伸开双臂，观察孩子的反应。

④ 孩子有主动找教师的表现时,教师要对孩子说:"孩子真棒,王老师找到了。"如果孩子在看到教师时没有做出反应,教师要用手指着说"王老师在这儿呢",从而进一步加强孩子的记忆。[①]

(二)1—2岁婴幼儿

在婴幼儿2岁前的整个阶段,其认知能力的发展主要是感知觉、注意、记忆以及思维能力的发展。这一阶段的主要任务是促进其感觉与动作的分化、形成动作格式以及发展客体永久性。下面介绍感知觉、注意、记忆的练习方法。

1. 感知觉

婴幼儿感知觉能力发展的关键在于训练其感觉到不舒服能够用声音表示,这一技能对于发展迟缓的婴幼儿尤为关键,能有效避免使自己处于不利环境。这一部分主要以情景教学的形式来培养婴幼儿的感知觉能力。

活动名称:说出来。

活动目标:当孩子感觉到不舒服时能够用声音表达出来。

活动准备:两段视频(一个是孩子尿湿后的表现,另一个是孩子饥饿时的表现)。

活动过程:

① 让孩子舒适地坐下,教师与孩子一起看视频,并为孩子讲解视频内容,告诉他们如果感觉到尿湿了、饿了等不舒服的感觉时要用声音表示出来。

② 教师在生活中观察孩子有不舒服感觉时是否可以用声音表达出来。

小贴士:对于有语言障碍的孩子,教师要指导其有不舒服的感觉时用动作表现。

2. 注意力

注意力总是伴随感知、记忆、思维、想象同时发生的。一个人如果没有良好的注意力,将会直接影响他的感知、记忆、思维、想象能力的发展。处于1—2岁这个阶段的婴幼儿,其注意力的发展主要表现为知道亲近的人在身边、能够按指示找异同等。发展迟缓的婴幼儿很可能在注意力发展上存在缺陷。训练婴幼儿的注意力是教师的重要责任。这一部分主要以情景教学的形式来着重培养他们注意力的发展。

(1) 知道亲近的人在身边

活动名称:教师要走了。

活动目标:能够意识到亲近的人在身边,对亲近的人离开有反应。

活动准备:皮球。

活动过程:

① 教师与孩子一起做扔皮球的游戏,另外一位教师在旁边观看。

② 教师在与孩子游戏时突然离开。

③ 另外一位教师在旁观察孩子对教师的离开是否有反应,以及有什么样的反应(如

---

① 肖非,戚克敏.发展迟缓儿童早期干预教学指导用书(上册)[M].北京:商务印书馆,2014:47—64.

不高兴、哭等）。

小贴士：孩子可能表现出一些不高兴、大哭等情绪反应，在旁观察的那位教师应该注意对其进行安抚。

（2）按指示找异同

活动名称：按指示辨异同。

活动目标：能够按指示将同样的东西放在一起。

活动准备：圆形球、杯子、积木。

活动过程：

① 教师给孩子一个圆形球。

② 教师把另一个圆形球以及杯子、积木放在孩子面前。

③ 教师："小球想和它的好朋友一起玩儿，我们帮帮小球，将两个小球放在一起，好吗？"

④ 观察孩子是否能将两个小球放在一起，如果孩子做不到就由教师做示范。

小贴士：在孩子摆弄小球的时候要注意安全，以免其发生意外。

3. 记忆力

1—2 岁年龄段的婴幼儿主要还是以无意记忆、形象记忆为主。随着语言的获得，婴幼儿可逐渐建立许多词语记忆，并能理解成人的指令。因此，这一阶段一方面要利用孩子的无意记忆、形象记忆，教他们认识、记住一些身边的事物；另一方面要给他们一些简单的记忆任务，以促进其有意记忆的发展。

（1）对生活中的事件有记忆

活动名称：我能自己找娃娃。

活动目标：能到放东西的固定地点去取东西。

活动准备：布娃娃、录像。

活动过程：

① 教师与孩子一起看一段孩子平时与布娃娃一起玩耍的录像。

② 当画面中出现布娃娃的画面时，教师就指着屏幕对孩子说："这是布娃娃"，并引导孩子说"布娃娃"。

③ 教师问孩子："宝宝，你的布娃娃在哪里呢？我们一起去取吧？"

④ 教师把孩子领到"娃娃家"（放布娃娃的柜子）前，让孩子自己取布娃娃，观察他是否记得。

小贴士：在进行此活动之前应保证平时布娃娃所放的位置是固定的。活动中的录像如果不易准备的话，可以用平时孩子与布娃娃一起玩耍的图片来代替。可以用平时孩子喜爱的玩具来代替布娃娃。

（2）听口令，拿物品

活动名称：听口令，拿玩具。

活动目标：训练孩子对语言的记忆能力。

活动准备：孩子熟悉的玩具、盒子。

活动过程：

① 当着孩子的面将其熟悉的玩具放到盒子里。

② 教师对孩子说："把××拿给老师。"当孩子拿对了并递给教师时，教师要给予表扬。

③ 然后再说："把××(另一样玩具)拿给老师。"(如此练习几次)

④ 当孩子会按口令拿对一个物品后，可以试着按口令让其一次拿两个物品。如"把小皮球拿给张老师，把乒乓球拿给李老师"。

小贴士：进行活动时要注意循序渐进。①

(三)2—3岁婴幼儿

2岁以后婴幼儿的各种感觉运动行为开始内化成表象或形象思维，对其认知能力训练的重心可向记忆力及思维能力方面转移，训练可以细化为物品归类、图形认知、颜色认知、将物取出与猜物这几个方面。发展迟缓的婴幼儿的思维水平一般低于普通婴幼儿，因此，针对发展迟缓婴幼儿的思维训练要注意其实际思维水平，循序渐进，不能跳跃进行。教师要了解发展迟缓婴幼儿的心理发展特点，从他们的表现判断其思维发展水平，根据其具体水平进行适合的教学。

1. 物品归类

物品归类，即通过对孩子观察力的训练来对其思维能力进行提升与强化，此项训练可循序渐进，从单一区分到多种区分。这一部分将从不同颜色、不同形状、不同类型物品归类三个训练点展开，期望通过各种婴幼儿感兴趣的活动、游戏等来提升其认知能力。

(1) 不同颜色物品归类

活动名称：红色和黑色。

活动目标：孩子能够将黑色和红色的毛线球区分归类。

活动准备：红黑两色毛线球若干。

活动过程：

① 教师出示一个红色和一个黑色的毛线球给孩子看，并介绍线的颜色。

② 教师出示多个红色、黑色的毛线球。教师："老师这里还有好多的毛线球，大家一起说说它们的颜色。"让孩子观察比较，学会初步的分类技能。

③ 让孩子在毛线球前观察，对毛线球的颜色产生一定的印象。

④ 教师拿出两个小篮子，说："我们把相同颜色的毛线球放在一起吧"，并将一个黑色和一个红色的毛线球分别放在不同的篮子中。

⑤ 教师引导孩子将不同颜色的毛线球归类。

① 肖非,戚克敏.发展迟缓儿童早期干预教学指导用书(上册)[M].北京:商务印书馆,2014:133—143.

小贴士：毛线球的颜色或所用材料种类可以随意变换，教学过程中要防止孩子因误食教具而引发危险。

（2）不同类型物品归类

活动名称：生活中常见物品的归类。

活动目标：孩子能够从吃的、穿的、用的这三个方面对物品进行归类。

活动准备：各类物品、卡片等。

活动过程：

① "今天老师给你们带了好多的东西（如饼干、糖果、娃娃、小车、裤子、衣服等），你们看一看，都有些什么呢？"教师带领孩子一一指认，哪些是吃的，哪些是穿的，哪些是玩儿的，从而帮助孩子建立关于吃的、穿的、用的这三种类别概念。

② 教师准备三个小筐，分别贴着吃的、穿的、用的物品的相关图片，并演示如何把物品分门别类地放在不同的筐里。

③ 带领孩子指认物品的名称和用途，并把它们按类别放在对应的筐子里。

2. 图形认知

图形认知是指大脑对物体形状或几何图形做出反应。对孩子图形认知的培养可从基本图形逐一扩展开来。这一部分从认识圆形，知道圆形、方形的名称并能区别三个训练点展开，期望通过各种游戏、活动来提升婴幼儿的图形认知能力。

（1）认识圆形

活动名称：感知圆形。

活动目标：能够初步认识生活中常见的圆形物品。

活动准备：各类圆形实物若干。

活动过程：

① 教师和宝宝一起做游戏。教师问：小朋友们知道我们现在围成了一个什么形状吗？圆形！今天老师就带大家来认识圆形。

② 教师出示很多圆形的物品，如圆形的盒子、圆的饼干、西瓜图片等，带领宝宝观察触摸；教师拿出一个圆形的玩具滚动，让孩子观察，并介绍车的轮子也是圆形的，所以它能滚动；发给每个孩子几个圆形的玩具，让他们自己去触摸、滚动，感受圆的形状。

（2）知道圆形、方形的名称并能区别

活动名称：认识圆形和方形。

活动目标：能够初步认识圆形和方形两种形状。

活动准备：彩纸、剪刀。

活动过程：

① 教师将彩纸剪成圆形、方形两种不同形状，并反复告诉孩子这是圆形，那是方形。

② 教师将两种形状的剪纸分给孩子。

③ 教师说出一种剪纸的形状并请其中一名孩子说出他手中剪纸的形状。

④ 孩子："我的是圆形。"

⑤ 教师引导孩子逐个说出自己手中剪纸的形状。

小贴士：此活动后，教师可在下一次活动时直接问孩子剪纸的形状，以强化其对形状名称的认知。

3. 颜色认知

研究发现，颜色认知发展有很大的个体差异性，因此遵循认识规律，及时对婴幼儿进行颜色认知的培养与强化，对其日后的全面发展至关重要。2岁到2岁半婴幼儿的颜色认知的发展主要是对单一颜色的认识。2岁半以后，婴幼儿便具有分辨不同颜色，从不同色、形的物件中挑出同色物件的能力。这一部分从认识红色、匹配同色物件两个训练点展开，期望通过各种活动、游戏来提升婴幼儿的颜色认知能力。

(1) 认识红色

活动名称：按指示取出红色卡片。

活动目标：能够按指示从不同颜色的卡片中取出红色卡片。

活动准备：大小相同的红、黄、绿三色圆形卡片数张，纸筐。

活动过程：

① 教师将三种颜色的卡片各取一张交给孩子，让其将卡片分开放于桌面上。

② 教师从纸筐中拿出一张红色卡片，告知孩子这是红色。

③ 让孩子根据教师手中的颜色从纸筐中找出相同颜色的卡片，并将找到的卡片放于桌面的红色卡片上。

(2) 匹配同色物件

活动名称：匹配红色汽车。

活动目标：能够从不同颜色的汽车中匹配红色汽车。

活动准备：两种不同颜色的玩具汽车数个、红色卡片。

活动过程：

① 教师将三辆红色汽车玩具及两辆绿色汽车玩具出示给孩子。

② 反复告知孩子汽车的颜色。

③ 教师拿出红色卡片，让孩子对照卡片从五辆汽车中拿出与卡片颜色相同的红色汽车。

小贴士：活动也可以运用其他物品，开始选择的物品种类应相同，之后逐步变为不同种类的物品。对于颜色认知能力相对弱的孩子，可将选择的物品减少为三种，让孩子从两个红色和一个其他颜色的三种物品中匹配同色物件。

4. 将物取出与猜物

将物取出与猜物的训练，是对宝宝的感知能力、注意力、记忆力、思维能力的综合训练，期望通过这一部分的训练，使婴幼儿的认知能力有全面的、综合性的提高。

（1）将物取出

活动名称：将玩具从无盖盒子中取出。

活动目标：按要求将盒子中的玩具取出。

活动准备：大小不同的无盖空盒、玩具若干。

活动过程：

① 教师先选择一个较大的空盒，当着孩子的面将玩具放入空盒中，再示范将放入的玩具取出。

② 让孩子模仿把玩具放入大的空盒子中，再将玩具取出。当孩子已基本掌握放与取的动作时，改换小一些的盒子，让孩子再练习放与取的动作。

③ 反复训练，从盒子的大小和所放玩具的大小来控制孩子的训练难度。

小贴士：孩子在取出过程中若遇到困难，教师可以先帮助他取出，之后再将玩具放回盒子中让孩子取出。如果孩子的认知发展迟缓程度较重，可先选择较大盒子和较小玩具，当孩子建立足够的信心后，再增加训练难度。

（2）猜物

活动名称：拿走了什么。

活动目标：能够说出教师拿走了什么。

活动准备：香蕉、橙子、玩具熊、小汽车等。

活动过程：

① 教师将香蕉和橙子放于孩子面前，让孩子观察一会儿，之后当着孩子的面把香蕉拿走，让孩子说一说，教师拿走的是什么水果呢？

② 之后将水果放回，再让孩子闭眼，将其中一种水果拿出，让孩子猜教师拿走了什么水果。

③ 教师将玩具熊和小汽车出示给孩子，让孩子观察一会儿，之后让孩子闭眼，将其中一种玩具拿出，让他们猜教师拿走了什么玩具。

小贴士：此单元训练过程相似，教师可以循序渐进，先从孩子熟悉的食品、玩具等差别很大的物品开始，再逐渐细化至相似度较高的物品进行训练。①

第二节　感觉统合失调

一、感觉统合失调概述

感觉统合（sensory integration）是由美国学者艾瑞丝（A.Jean Ayres）根据神经生理学

---

① 肖非，戚克敏.发展迟缓儿童早期干预教学指导用书（上册）[M].北京：商务印书馆，2014：227—237.

理论,于1972年提出来的,意指人脑有把多种感觉信息统合起来,对刺激作出协调反应的能力。只有经过感觉统合,各感觉系统才能自如、默契地互相配合,身心才能平衡发展。[①] 感觉统合失调是指外部的感觉刺激信号无法在儿童的大脑神经系统进行有效的组合,而使机体不能和谐地运作。[②]

(一)感觉统合失调的主要表现

1. 好动不安

好动不安不见得都是感觉统合失调,周围的环境或成人的误导也可能使婴幼儿产生此种现象,但如果所有可能因素一一排除后仍找不出原因时,感觉统合失调经常是好动的最主要原因。

2. 行动笨拙

运动能力发展不良的婴幼儿,动作大多不灵活。这些孩子在学习折纸和使用剪刀方面特别困难,甚至于不会翻筋斗,跳高和跳绳也较差,不敢玩秋千、走平衡台。

3. 语言发展迟缓

语言的发展包括发音技巧、词汇的认知及语言相关逻辑的使用习惯等,属于感知觉综合运用的层次。不过发音牵涉听觉的辨识能力,唇、舌、声带的使用技巧,词汇的认知更必须依靠视、听、嗅、味、触的综合作用。感觉统合不良往往会影响语言能力的发展。

4. 讨厌被触摸

平常的身体接触都受不了的婴幼儿,人际关系的发展将严重受阻。其他如洗头、洗澡、抓痒、剪指甲或换衣服都会反抗的婴幼儿,通常会存在注意力不集中、耐心不足等现象。触觉过于敏感或过于迟钝,都有可能造成感觉统合失常,所以,笨手笨脚、懒惰、行为涣散等现象都须小心观察。特别是缺乏痛觉和味觉等不正常(极端偏食或咬手指头)的情况,有必要做专门的系统分析。

5. 极端或异常胆小

婴幼儿由于缺乏经验而害怕是很平常的,对某种虫类或动物特别害怕,也许只是幼年经验或情绪发泄而产生的,不用特别担心。但是对于其他同龄孩子很容易做到,而你的孩子却极害怕尝试的,就要加以观察了,如讨厌摇晃、不敢爬高、无法顺利下楼梯、不敢去游乐园玩、怕旋转木马,甚至秋千都不敢坐等。如果孩子还有重心不稳、情绪特别不稳定、身体不灵活的现象,就明显地表现出感觉统合不良的症状了。

6. 反应迟钝

有时候身体还算灵活,但对高度的恐惧迟钝、转圈跑根本不晕不累、对痛的感觉也较少,甚至有自虐现象(如揪自己的头发或眉毛、用头撞墙等),可能也是脑神经中枢感觉统

① 罗智梅.0—3岁婴幼儿身体——运动智能的发展与培养[J].科技信息(科学教研),2007(26):45—66.
② 武长育,等.托幼园所卫生保健工作实用手册[M].北京:中国农业出版社,2013:87.

合不良的结果。反应太强烈或反应迟钝经常是一体的两面，即对某件事情反应太强烈，而在其他方面又太迟钝。

7. 学习能力障碍

学习跟不上虽令人头痛，但有些父母认为婴幼儿本来就不应该有太大的学习压力，因而疏忽了异常现象。认字有困难，可能是阅读功能的视觉不成熟所致；无法写字，有可能是大小肌肉发展不良或手眼协调不良的结果；眼球运转困难，也会造成注意力分散及耐心不足。

即使是智力超常班的孩子一样会有情绪暴躁、缺乏团队精神、人际关系不好、偏食、反应迟钝、身体功能运作失常等现象。这些问题，一般都属于感觉统合不良所产生的学习能力障碍。[①]

（二）感觉统合失调日常生活中的观察评量

1. 穿脱衣服

① 扣扣子：观察扣扣子时的抓握力、双手协调的程度及状态。

② 坐着脱穿鞋：身体僵硬，显得笨手笨脚，并缺乏耐心。

③ 站或坐着脱穿裤子：单脚弯曲离开或进入裤管时平衡的掌握。

④ 两个指头老钻进一个手套指洞中：身体感觉不良，对各部位形象不清楚的婴幼儿，常有这方面的困难；特别是手部有麻痹症状的婴幼儿，经常将两个手指一同钻进一个手套洞中，自己却不觉得奇怪。

2. 用餐

① 无法确定使用汤匙的手：观察婴幼儿的惯用手，包括用筷子、汤匙和叉子的情形，以及拿笔、剪刀或投球、拿玩具等。

② 吃饭时饭粒撒满地：唇部及嘴巴附近肌肉张力不良，闭嘴咀嚼的动作做不好，容易掉饭粒，或需靠手把食物塞进嘴里。这些婴幼儿口水控制也不好，不会吹口香糖，舌头的操作也不好。

③ 将水倒入杯中：不能很好地观察水壶口及杯子口的位置，以及掌握水壶的重量和倒水时的重量改变。

④ 整理餐盒及餐具：不能很好地利用视觉信息完成所需的一连串动作，这是检验婴幼儿观察水平的重要依据。

3. 生活上的异样现象

① 剪指甲时的异状：有些婴幼儿剪指甲特别紧张，经常大声惊叫，可能伴有过强的触觉防御现象，也有一些特别不喜欢洗头发，不愿洗脸，对毛巾特别敏感，这些大多属于触觉失调。

② 排列东西时无法把握正确方向：对于排列东西的任务难以胜任，方向经常搞错，视

---

① 杨霞，叶蓉.儿童感觉统合训练实用手册[M].上海：第二军医大学出版社，2007：13—14.

觉空间能力不足,以及鞋子穿错脚、玩具无法归位等。

③ 拿扫帚时的动作异常:拿扫帚扫地时两手的协调性差,很难掌握身体中线的双侧协调,这种婴幼儿大多属于前庭平衡适应不良。

4. 游戏时的异常状况

① 俯卧垫子测试:碰到软垫时特别紧张,用力挺头,极度不安,几乎全身僵硬。通常也不喜欢身体被左右或上下摇动,运动神经空间知觉普遍不够发达。

② 伸开双手绕圈测试:伸开双手旋转绕圈时笨手笨脚,仔细观察其原因后发现,其身体对称性活动能力及颈部张力不足。

③ 角力测试:在玩角力或相扑游戏时,常僵硬呆立着,不知道如何用力抱住对方,更无法用抱的姿势将对方压住。

5. 学习上的各种困难

① 手指的小肌肉控制:手指触觉不良,会影响手的灵活性,手眼协调能力的发展、写字能力都会有不足的现象。

② 坐姿测试(大肌肉发展情形):静坐在椅子上,背部能挺直坐正的问题较小;坐下时,出现弯腰驼背、双手无处放及托在腮上等现象,或者喜欢用椅子的前两条腿将身子靠在桌子上,则表明肌肉张力发展不足。

③ 听写游戏:有些婴幼儿对听到的声音无法即时理解,无法将其和视觉配合。在听写上特别困难,常常漏字、漏段,甚至根本无法跟上。

6. 平常漫步时的困扰

无法顺利走路,总是蹦蹦跳跳的;不敢走在高台上,甚至上下楼梯都会产生困难;脱下鞋子或靴子后,不敢在草地上或泥土中行走,触觉防御过强。[①]

二、感觉统合失调的成因分析

感觉统合失调问题的原因包括生物学因素、家庭与父母因素、教育因素、社会环境因素和城市化因素等,了解并控制这些因素,及早地采取预防措施,运用系统的、科学的方法,积极实施有效的干预是确保婴幼儿健康成长的关键。

(一)生物学因素

1. 遗传作用方面

家族中有人曾患某种神经症或精神疾病(如精神分裂症等)、学习障碍(尤其是阅读障碍)、各种残疾及过敏中毒史的,则婴幼儿发生此类疾病的危险性较高。

2. 脑损伤或脑功能失调

脑损伤原因一般包括:母亲分娩过程过长、分娩过于仓促、胎盘脱离过早、难产、吸盘

---

① 李淑英,王喜军,刘迪.特殊儿童感觉统合训练理论与实践[M].天津:天津教育出版社,2014:23—24.

助产等；母亲有酗酒、吸烟、受 X 射线辐射、服用不合适的药物、患糖尿病、患甲状腺机能减退等问题；大龄母亲和年龄小的"娃娃妈妈"都容易导致胎盘生长不良、胎儿缺氧、胎儿感染等；孩子出生后，发生高烧、严重脱水、脑炎、脑膜炎等情况。婴幼儿期头部的摔伤是最不为家长注意但又恰恰至关重要的脑损伤因素。脑损伤或脑功能失调会影响大脑的机能，即可能影响人的行为的敏感度、反应方式或抑制作用，造成被动、退缩活动过度或情绪暴躁等现象。

3. 生化失调

（1）神经化学物质传递异常

通过研究尿、血液或脑脊髓液中神经介质代谢物数量的减少，研究药物对大脑认知的影响以及对个体注意、学习与行为的影响等，人们发现了神经化学物质传递异常问题。儿童神经化学物质传递异常会导致多动症、注意缺陷、学习成绩不良等。

（2）维生素缺乏

维生素是一种人体不能合成、既不参与组织构成又不供给能量、具有特殊生理功能的小分子有机物，是保持机体活力的重要条件。一旦机体维生素供应不足或需求增加，将导致新陈代谢的障碍、心血供应系统及神经系统机能障碍等，影响人体正常生理机能和大脑功能的正常发挥。

（3）饮食结构

饮食结构影响着婴幼儿的大脑工作能力。平衡的饮食可以使婴幼儿大脑保持清醒状态，不至于过度兴奋或萎靡不振。如果婴幼儿饮食结构中蛋白质的含量偏高的话，会导致其处于过分兴奋状态之中，引起多动，影响学习；相反，如果婴幼儿饮食结构中碳水化合物偏高的话，会导致其极易疲劳，大脑处于抑制状态之中，造成精神萎靡。

（4）内分泌腺功能失调

某些激素失调会引起婴幼儿早期大脑损伤或身体状态的改变，并由此干扰学习，最典型的例子是甲状腺机能失调。如果甲状腺素分泌过少，会造成精神低落、过于平静，使得学习没有动机、缺乏激励。此外，母亲在孕期的甲状腺素失调也会影响孩子。如果孩子在出生时，母亲甲状腺素缺乏，很可能会造成严重的损害，以致影响其智力的发展、语言的接受与表达以及身体运动机能的发展。而甲状腺机能亢进则对孩子的身体发育、智力发展等也会产生很大的影响。

（5）低血糖

脑的代谢要依赖于一定量的葡萄糖供给，如果吃得过少，使体内的血糖量远远低于正常水平，大脑就不能保持正常的活跃水平，导致多动症等。低血糖会危及婴幼儿大脑的发展，尤其是出生后的头两年内。低血糖情况发生得越早、越频繁，大脑受损伤的可能性也越大。如果不及时解决，大脑的神经细胞就会受到损害，常常导致智力落后、动作发展迟滞，以及大脑重量减少等情况。其易发人群包括双生子、低体重新生儿、母亲患有肾功能失调、母亲在妊娠期间患糖尿病以及营养不良等。

(6) 先天或后天生理的残疾

因妊娠中毒与过敏、出生缺陷、剖宫产综合征、难产缺氧、各种身体损伤、代谢障碍、疾病感染、中毒等因素而导致的各种先天或后天残疾,一方面可能影响或限制个体的正常活动或交往机会,另一方面也可能让孩子因残疾而感受较多的挫折,造成心理和行为的偏离。

(7) 其他因素

研究发现,几乎一半以上的多动症婴幼儿血中含铅量较高。汽车尾气中有含铅的化合物,会被排放入空气中,易被婴幼儿吸入体内;用含铅的塑料玩具、餐具,带油漆的家具等,都有可能使婴幼儿体内铅含量过高。

另外,各种食品添加剂(如调味剂、人工色素、防腐剂、膨化剂、香精、咖啡因等)对婴幼儿的中枢神经活动也会构成一定的负面影响。婴幼儿饮食失调也会影响其中枢神经的正常发育,如高蛋白、高脂肪、糖的摄入量过多,维生素缺乏,水杨酸摄入量过多等。

(二) 父母与家庭因素

1. 不和睦的家庭因素

在许多家庭,夫妻关系陷入困境,而其中直接的受害人之一就是孩子。父母的相互谩骂和争吵,父母缺乏责任感、义务感和荣誉感,父母不和,视孩子为出气筒进行辱骂或殴打,亲子关系不正常,情感上被忽略或对立,这都会导致孩子情绪波动大,常有莫名其妙的焦虑和恐惧,容易产生敌意,缺乏同情心,甚至有嫉妒、残忍等不健康的心理状态,使得孩子不愿接受伦理道德的约束,富于攻击性。

孩子从小就缺少温暖和爱,或者得到的是畸形的爱,其心情处于紧张、焦虑、恐惧的情景中,惶惶不可终日,他们不但可能患有与饮食、睡眠、呼吸、排泄等方面有关的疾病,还可能对自己失去调节控制的能力,患有精神疾病或产生人格上的缺陷。

2. 家庭结构简单化

随着新一轮人口的流动,越来越多的年轻人离开父母,另筑巢穴组成"核心家庭",加上少子化倾向的影响,家庭结构越来越简单化,家庭中参与儿童教育的人数减少,孩子缺少兄弟姐妹交往,影响孩子的社会性发展,孩子易孤独。

3. 家庭生活电视化

社会竞争的日益激烈,使得每个父母都很繁忙,父母陪伴孩子的时间越来越少,电视成了孩子理所当然的伙伴。孩子看电视无须交流,这样会带来一些言语问题、交往问题;电视内容的不可控性,会使孩子通过模仿出现诸多问题等。

4. 父母教育导向问题

社会普遍存在的"望子成龙"现象对孩子形成了巨大的压力:父母期望过高,对孩子过早教育、过度教育、过度管教等违背儿童身心发展规律的做法,会形成儿童焦虑症、多动症、反抗与冷漠、早熟等现象。

5. 父母角色问题

亲子间正常接触和交流是缓解儿童恐惧焦虑、不安的精神良药,会给孩子带来安全感、信赖感、温馨感,对他们的心理健康发育、健全性格形成具有极重要的作用。而父母角色不良、性格内向、缺乏权威意识和责任感、社交能力差、亲子间不能正常交流感情等,会导致儿童行为越轨。

6. 抚养与家庭教育不当

父母对子女过分溺爱和宽容会使子女容易养成放纵骄横、自私自利的品德和嫉恨的心理,对自己的社会责任模糊不清,不能学会在欲望不能满足时应有的忍耐。结果,不合理的需求、欲望不断增加,使孩子无法适应社会生活,他们以自我为中心、自控力差、道德观念薄弱,缺乏行为准则和规范,事事依赖成人,在与人交往产生挫折后易产生对立、仇视情绪,从而发生侵犯行为。反之,父母对孩子过分严格、虐待、粗暴,容易使孩子产生冷漠、消极情绪,以及敌意或残忍的心理,容易发生不能克制的攻击和冲动行为。

(三)教育因素

人才竞争的低龄化趋势导致一些教学内容重心下移,许多托幼机构为了迎合部分"揠苗助长"家长的异常需要,教学上片面地追求认知发展,采用不适合婴幼儿身心发展的教育教学措施和评估手段,无视孩子的个别差异,要求整齐划一,过分强调听话,教育内容成人化,不给予孩子足够的室外活动等,结果导致有的孩子思想负担重、压力大,有的孩子人格扭曲(双重人格),有的孩子疲于奔命、情绪紧张,有的孩子严重活动不足(感统失调、多动症、害怕实践),重者发展为情绪问题儿童、自闭症儿童。

(四)社会环境因素

个体在社会环境中独立地发展着,但其最终的目标是社会化。整个社会的风尚、价值取向都潜移默化地影响着理性思考能力尚未成熟的儿童。社会学习理论认为,品行问题和犯罪行为是后天习得的,他们不仅受同龄伙伴的影响,还受报纸、杂志、广播、电视、电影、网络等多样化媒体的影响,它们对儿童的社会化过程有明显的塑造作用。

(五)城市化因素

现代化的生活是以城镇化为主要特征的,城镇化进程的加快在促进人类文明发展的同时,对孩子的成长也带来了许多不利影响。

城市中人口高度集中,流动人口众多,社会关系复杂多变,这些对儿童的情绪健康发展影响很大。

城市多以单元式的楼房环境为主,它具有"封闭式"的特点,这就大大限制了儿童与社会接触的时间和空间,容易使儿童孤陋寡闻,形成孤独、离群、依赖、忧郁、不善交际等性格弱点。此外,住房拥挤,视野狭窄,会影响儿童心胸的发展。

城市环境变化迅速,以致儿童无法自我调节;绿化面积减少、空气污染严重,给儿童带来不小的心理压力;高大的建筑群、宽阔的街道,常使人产生相对渺小、压抑、悲观和自卑的感受;钢铁、混凝土设施,使人产生软弱无能和压抑的感受。

现代城市生活交通便利、物质丰富、精神文化生活丰富多彩,这虽然能给儿童带来较大的优越感,但相对地也会造成城市儿童自信心和自尊心过强意志却薄弱,挫折容忍力较低等情况。他们一遇挫折或受到打击,就情绪反常或反应激烈,难以抑制。

(六) 爬行不足及有关研究

爬行对儿童发育的影响非常重要。调查发现,60%的儿童存在爬行不足的问题。我们平时可以观察到许多学习障碍和严重情绪困扰的儿童,在接受滑板上重新经历"爬行"活动的治疗时,其开始一段时间常常显得趴在滑行板上"爬行"很困难,不是姿势歪在一边,就是从板上掉下,严重时连趴在板上也不行。而那些问题很轻或本来在爬行方面就是优等生的儿童在几天内就能自行调整好姿势,享受爬行活动的快乐。

通过调查儿童的成长史发现,很多学习障碍和情绪困扰儿童都没有经历正常的爬行阶段。例如,在满1岁前,没有好好爬行或爬行得很少,有些家长有洁癖,怕脏,而不让孩子在地上爬。有些大人由于忙或为了省事,大部分时间把孩子放在学步车上,无形中剥夺了婴儿学爬的机会。有些祖父母长期抱着婴儿而大量减少孩子学爬行的机会。

不少喜欢炫耀或拔苗助长的家长,在婴儿开始学爬不久,就让婴儿提早学走路,这些孩童上学后,许多都显示出脾气暴躁、好动不安及眼神飘忽不定的特征,进而造成过分敏感和学习不专心等问题。

爬行是低等动物演化过程,是人类个体成长过程中所必须经历的阶段。低等动物沿着地面和水面移动,依赖四肢爬行,同时依靠颈背肌肉收缩来维持头部自由活动和眼睛的稳定搜索,在脑干部把视听觉和肌肤感觉跟地心引力做低层次统合整理,才能做较简单的寻找、防御性反应——爬行和颈部强有力是生存所需的低层次反射动作的基础。

灵长类平衡能力更精巧,双手使用于精细操作,眼睛也看得更细腻和灵巧,高层次大脑功能发挥的先决条件,是脑干部把视听觉、肌肤感觉和地心引力做好低层次统合整理的基础,这样大脑才能正确使用低层次所传过来的无数感觉信息。否则,空有大脑的配备,也无法发挥一个人的聪明才智,这是在学习障碍和情绪障碍儿童和成人身上一再看到的情景。

人类大量使用成熟大脑做精细判断和大量思考,是在七八岁之后。1岁以前的爬行把低层次感觉统合整理的基础打好,儿童阶段一直在玩攀、爬、跑、跳的游戏,这都是一再磨炼低层次感觉统合整理和高层次精细判断与思考之间的衔接。有学习障碍和情绪障碍的儿童会一再表现出跟别人玩不起来,或根本逃避游戏的行为,这表示他们低层次感觉统合整理的基础没有打好,高层次大脑功能的发挥就受到限制。

三、婴幼儿感觉统合失调的预防与感觉统合功能训练

感觉统合对婴幼儿的发展之所以重要,是因为在这一过程中人的大脑会将从各种感

觉器官传来的感觉信息进行多次分析、综合处理,并作出正确的应答,使个体在外界环境的刺激中和谐有效地运作。任何婴幼儿都必须经由感觉学习,大脑才能有效地发展出完整的思考能力,产生自发自动的学习效果。[1]

(一)婴幼儿感觉统合失调的预防

7岁以前,人脑像一部感觉处理器,对外界事物的感觉主要来自感觉印象。这个年龄的儿童处于感觉运动发展期,他们在这一阶段经常动个不停,忙于寻找各种感觉刺激,很少用大脑去思考问题。如果能通过适当的运动,使处于这个阶段的儿童获得感觉运动的经验,那么对他们日后认知学习、情绪稳定以及社会适应所需具备的感觉统合能力等,会有极大的促进作用。

1. 孕期保健

儿童感觉统合失调的预防首先要从孕期保健开始做起。准妈妈在孕期生活一定要有规律,避免食用刺激性的食物。如果孕期准妈妈的工作节奏较快,始终处于一种紧张的心理状态,会对胎儿产生不利影响。同样,饮酒、吸烟和狂欢等也会对胎儿的神经系统发育产生一定的影响。

2. 生活中把握时机,发掘孩子脑功能的优势

住楼房的儿童往往缺乏户外活动,出现感觉统合失调的比例比较高;也有的儿童习惯于玩电动玩具,与玩传统玩具的儿童相比,他们手指等部位的精细动作锻炼得较少,容易发生感觉统合失调;还有些婴儿没有经过爬的阶段,就直接进入走和跑的阶段,躯干、四肢及左右脑的协调能力没有得到充分锻炼,也容易出现感觉统合失调。

有关专家认为,感觉统合失调确实会造成儿童动作技巧不成熟、动作协调性不够等现象,但这些现象也有可能是由于儿童身体发育较慢,或者还没有达到成熟年龄,或者还在发展、学习某项动作,表现得不够熟练而已。

感觉统合失调儿童在接收外界信息方面确实存在着一定的障碍,他们的内心也是十分敏感的,需要父母的帮助和一定量的感觉统合训练来提高他们的感觉统合能力。而且,感觉统合失调是功能性的,经过训练是能够得到纠正的。因此,父母要耐心帮助孩子,并在生活中抓住时机保证一定数量和时间的感觉统合训练,并提倡儿童多参加各种运动,勤动手、动脑,加强精细动作的锻炼。在生活中应注意发掘儿童脑功能的优势,诱导其发挥长处、改进短处,使他们终身受益。

3. 注重培养孩子的注意力

感觉统合失调儿童往往注意力不集中,很小的响声也会使他们分心。因此,要了解有关儿童心理发展和感觉统合方面的知识,耐心地帮助、训练孩子,使他们集中注意力的时间逐步延长。孩子在规定时间内如果再次出现分心的现象,要及时提醒,以防止其进一步

---

[1]　丁昀.育婴师(国家职业资格四级)[M].北京:中国劳动社会保障出版社,2006:96.

发展成坏习惯。①

（二）感觉统合训练基本原则

在感觉统合训练过程中，训练计划的制定是整个训练的核心部分，它直接关系到训练效果的好坏。制定训练计划不仅要依据每个儿童的具体情况、体质特征，还需考虑儿童目前的智力水平、情绪态度等多方面的因素。所以，在进行感觉统合训练时，有一些基本原则需遵循。

1. 快乐体验原则

感觉统合训练最重要的一点是让儿童在活动和游戏中感到快乐。这是儿童接受感觉统合训练的基础。

在训练当中，要让儿童感到愉快而不是感到有压力和恐惧。感觉统合训练就是要培养孩子的兴趣，使他们在训练过程中获得自信心，并由原来焦虑的情绪变为愉快的情绪。

基于此，应该为儿童创建丰富多彩的室内活动场地，在游戏中进行快乐训练。最容易造成感觉统合训练失败的一个因素是孩子拒绝参与。所以，游戏的布置要丰富多彩、活泼有趣，而且要适合孩子的年龄、性格等特点，使孩子乐于参与。当孩子能自动自发地投入活动中时，看似简单的活动就可以发挥促进感觉统合能力发展的重要作用。

2. 儿童主体原则

儿童是训练的主角，家庭起诱导带教的作用，成人要尊重儿童对感觉刺激的需要和选择。每个参与训练的孩子情况都不太相同，因而进行感觉统合训练的内容要根据孩子的基础水平情况去选择。应给儿童自由选择项目的权利，从自选动作过渡到规定动作，以此调动他们参与的兴趣。

在训练过程中，指导者要在对儿童的感觉统合状况进行准确评估的基础上，精心设计出可以让儿童尽力、尽情玩的活动，让儿童感觉到既容易做到又愿意去做。同时，训练内容的设计又要与感觉体系相关，这样才能逐步培养儿童身体活动的基础能力，提高儿童身体和大脑间反应的协调性。

3. 注重刺激原则

感觉统合训练要因人而异，应让孩子每天都有多样的感觉刺激。通过控制环境给儿童以适当的感觉刺激，从而改善其感觉统合能力，使儿童能作出适应性反应。千万不要单纯教孩子如何做。

在婴幼儿阶段，视觉、听觉、触觉及前庭觉等各种感觉的发展都非常重要，尤其是触觉和前庭觉。所以，感觉统合训练应让孩子在一天当中有多种多样的感觉体验。同时给予儿童前庭、肌肉、关节、皮肤触摸以及视、听、嗅等多种刺激，并将这些刺激与运动相结合。指导者应采用多样化的练习手段以防止训练单调，使感觉的各项功能得到改善，促进婴幼

---

① 李淑英,王喜军,刘迪.特殊儿童感觉统合训练理论与实践[M].天津：天津教育出版社,2014：25—27.

儿各感官的正常发育和机能的协调发展。

4. 积极反馈原则

积极反馈原则要求指导者在训练过程中给孩子以积极的反馈,边训练边了解孩子对训练项目的感受,加强亲子沟通,同时与家长分享孩子成功的喜悦。对年龄小的儿童,要用引导的方法与他们沟通互动,以此帮助他们体验各种活动,从而达到训练目的。

5. 共同分享原则

共同分享原则要求指导者在训练过程中,对孩子的态度要重鼓励、奖赏,避训斥、体罚,多表扬少批评,并与家长及时分享孩子成功的喜悦。

通过感觉统合训练和表扬,加强对孩子意志品质的培养,培养他们的团队精神和各种优良品质,使他们感到自信、快乐,使身心健康发展。

6. 适度与安全原则

训练内容与形式要因人而异。由于儿童感觉统合失调严重程度不一样,即使是同等程度的儿童,其失调的类型也是不同的,因此,训练中一定要根据儿童的年龄、接受能力和失调状况等进行合理的内容和形式方面的安排。

在执行训练过程中,可根据孩子的具体情况(体能、技能、兴趣以及注意力等)进行适当调整,以让孩子掌握各项目的动作要领,同时注意安全,避免伤害事故。

7. 及时评估原则

从根本上说,感觉统合训练是指导者借助的一个工具,应该切实在实践中反复观察和评估孩子的具体情况,根据孩子的特点来确定如何使用它。即使是孩子具有同样的症状或表现,其出现的原因也可能大不相同。只有了解了孩子各自的独特问题,训练才会有针对性,才有可能达到最佳的效果。同时要随时注意和孩子的家长进行沟通,与他们积极合作,巩固训练效果。

在训练前后,也要对孩子的感统失调的类型和程度进行评估,根据具体情况制定和调整相应的训练课程,以达到最好的训练目的。[1]

(三)感觉统合训练方法

如果婴幼儿已出现感觉统合失调的迹象,就必须进行专门的检查和训练。为了预防感觉统合失调或加强感觉统合协调,以下游戏可供参考。

1. 前庭功能失调的练习和游戏

前庭功能失调的主要症状有:好动不安;注意力不集中;平衡能力差;虽然已经看到了桌椅、门墙等"障碍物",却仍然会撞到。其练习和游戏有以下几种。

(1)摇摆毛巾

游戏材料:一块大毛巾。

---

① 李淑英,王喜军,刘迪.特殊儿童感觉统合训练理论与实践[M].天津:天津教育出版社,2014:34—36.

游戏方法和过程：用一块大毛巾把婴幼儿包在里面，由指导者和家长各拉一头，左右或上下拉动毛巾，使婴幼儿随着毛巾摆动。同时可以让婴幼儿拿着小球，一边摆动一边向固定目标投球。

（2）上下斜坡爬行

游戏材料：上下斜坡。

游戏方法和过程：在有上下斜坡的地方爬行，每爬一步，身体就会感受到一次地心引力的变化，从而使前庭平衡系统得到充分的训练。

2. 触觉过分敏感的练习和游戏

触觉过分敏感的主要症状有：偏食、挑食，不爱吃菜；喜欢吃手或咬手指甲；情绪不稳定，爱发脾气；胆小、怕黑；特别缠人或容易紧张、退缩；对小伤小痛特别敏感。其练习和游戏主要有以下几种。

（1）梳头游戏

游戏材料：各种梳子。

游戏方法和过程：用梳子的尖端刺激婴幼儿的头皮，并顺势梳头，也可以让婴幼儿自己梳。这个游戏可以帮助婴幼儿锻炼手指的精细动作能力，并让他们了解自身的形象。

（2）麻布刷身游戏

游戏材料：麻布或毛巾、海绵、软刷子。

游戏方法和过程：用麻布以中等力度刷婴幼儿的手臂、前胸、后背、足部。一边刷，一边讲故事或唱歌给婴幼儿听。如果没有麻布，也可以用毛巾、海绵、软刷子等代替。

（3）抓痒游戏

游戏方法和过程：让婴幼儿躺在床或沙发上，用手抓挠其腋下、胸口，并根据婴幼儿的反应来控制力量的大小和刺激的强度。如果抓挠那些经常会被别人碰触的部位时，婴幼儿也有强烈的反应，那么就要经常和婴幼儿玩这个游戏。

（4）毛巾卷

游戏材料：毛巾卷。

游戏方法和过程：找一条略微粗糙的大毛巾，将婴幼儿整个卷起来。然后轻轻滚动或下压毛巾卷，或者用双手轻轻抱紧婴幼儿，强化身体各部位的触觉感受。

（5）垫上游戏

游戏材料：地毯一条。

游戏方法和过程：让婴幼儿躺在地毯上，双手抱头，然后向左右两个方向滚动，还可以练习前滚翻和后滚翻，这对发展婴幼儿的触觉、动作平衡、协调性都很有帮助。

3. 本体感失调的练习和游戏

本体感失调的主要症状有：动作协调能力差，笨手笨脚；语言表达能力差；缺乏自信、消极退缩,不敢表现自己。其练习和游戏主要有以下几种。

(1)花式拍球游戏

游戏材料:一个皮球。

游戏方法和过程:给婴幼儿一个皮球,练习各种拍球方法。比如,对 3 岁左右的婴幼儿,可以训练分别用左手和右手拍球,球类游戏能增强婴幼儿精细肌肉、粗大肌肉的协调性、灵活性以及反应速度,训练注意力和手眼协调能力。

(2)说图游戏

游戏材料:一幅图画。

游戏方法和过程:和婴幼儿一起看一幅图画,然后把图盖上,让婴幼儿用自己的语言描述那幅图,说得越多越好。婴幼儿说完后,再看看图,找出没有描述出来的细节。然后,再让婴幼儿利用这幅图编一个故事。

无论婴幼儿讲得怎样,都用欣赏的眼光去发现他的进步,鼓励他,表扬他,让婴幼儿自信起来,逐渐学会准确地表达。

除了上面提到的游戏外,玩滑梯、游泳、跳房子、滚铁环和捉迷藏等游戏,都对婴幼儿感觉统合发育非常有益。可以根据婴幼儿的情况,参考上面的方法,自行制定一套训练计划。①

拓展阅读

0—3岁特殊需要儿童认知领域早期干预策略②

一、玩声音游戏

玩声音游戏能够增加0—3岁特殊需要儿童的听觉体验。听觉技能是感知觉中的一种,也是儿童学习语言技能的基础。这不仅仅是锻炼儿童单纯地"听到",还必须使其将注意力集中到听到的声音上。对于0—3岁特殊需要婴幼儿来说,多种不同的声音会使他们感到烦躁。有的0—3岁婴幼儿对于高分贝声音难以接受,有的则在有噪声背景的情况下难以分辨重要和无关声音。

声音游戏小贴士:

(1)当儿童发出叫声,模仿他的叫声;如果儿童"咿呀说话"时,就模仿他的"说话"声;还可以将它编成一首歌,并用高低不同的音调重复。

(2)时不时地叫儿童的名字。如果儿童没有反应,就用他最喜爱的玩具引起他的注意,接着再叫他的名字。

(3)用铃铛声、鼓声等不同声音吸引儿童的注意力,引导他去寻找声音来源。

二、适合视觉刺激的环境

创设适合视觉刺激的环境以促进0—3岁特殊需要婴幼儿的视觉体验。许多

---

① 丁昀.育婴师(国家职业资格四级)[M].北京:中国劳动社会保障出版社,2006:97—99.

② 秦奕.特殊需要儿童早期干预[M].南京:南京师范大学出版社,2014:243—245.

0—3岁特殊需要婴幼儿对视觉性刺激反应良好,但他们喜欢的视觉刺激量各有不同。要注意观察儿童所需要的刺激量,超过就会让他们难以接受。

气球房间:

在儿童房间里挂上色彩鲜艳的玩具和图画。鼓励儿童和家长一起看房间里的各种东西。挑选一只造型有趣的充气球,摆在他面前。等他看着球时说:"好大的球啊!真好玩儿!"家长也可以挑选一些可以移动的玩具,如儿童车,引导儿童的视线跟随玩具移动。

三、触觉练习

触觉技能不仅能够帮助0—3岁特殊需要婴幼儿建立人和物之间的关系,还能让其感受周围的世界。有的特殊需要儿童对于触摸非常敏感,比如玩沙会起红疹。这种触觉过敏被称为触觉防御。触觉过敏的儿童需要更多的触觉教育,但在练习时要放慢动作。不同的感官体验通常会增加儿童对不同感觉的包容度。

触觉游戏:

(1)用质地粗糙的毛巾和质地细腻的毛巾摩擦儿童的脸和身体。

(2)给儿童按摩身体,先从儿童的手臂和腿部开始按摩,然后逐渐转移到脸部和嘴唇。

(3)让儿童触摸各种质地的东西,如棉花、砂纸、缎子、木头等。

(4)鼓励儿童用嘴去感受玩具,这样有助于孩子舌头、嘴唇和下巴运动的发育。

四、"躲猫猫"游戏

通过"躲猫猫"游戏帮助0—3岁特殊需要婴幼儿建立客体永久性概念。当儿童掌握此概念时,他就理解了一个物体即使不在眼前但也是存在的。客体永久性对于智力发育迟缓儿童来说可能是个很难理解的问题,因为要理解这个概念就需要涉及抽象思维。因此,儿童可以通过多样的多层次的"躲猫猫"游戏建立客体永久性概念。

"躲猫猫"游戏的变化:

(1)妈妈将双手放在儿童面前,问他:"宝宝在哪里?"然后把双手打开说:"宝宝在这里。"这是躲猫猫游戏的早期形式。

(2)拿一块手帕遮住自己脸的一部分,或者躲在一块毛毯后面,让儿童知道你就在那儿,但是他无法完全看到你,然后问他:"妈妈在哪里啊?""啊!妈妈在这里。"

(3)准备一个大的玩具。开始时,可以用一块薄纱巾把玩具遮盖起来,这样儿童仍可以看到纱巾下面的玩具。也可以用音乐玩具,即使你把音乐玩具藏起来,儿童还是能听到声音,这样能帮助儿童寻找。如果儿童做得很好,可以把这些视觉和听觉的暗示取消,藏起来不让儿童看到或听到。

(4)给儿童一个橘子,让他用手摸摸,用鼻子闻闻味道。然后拿三个透明的塑料杯子,把橘子放在其中一个杯子里。向较小的儿童展示橘子所在的杯子;对稍大一点的儿童,就手把手教他怎样用手指出橘子所在的杯子,并说:"橘子在这儿呢!"如果儿童完成得很好,就把原来透明的杯子换成不透明的杯子。

五、重复练习

通过重复练习帮助特殊需要儿童建立因果关系概念。因果关系概念对于特殊需要儿童来说是个难题,因为要预计一个动作将会引发的结果,这种因果关系概念将涉及抽象概念。通过重复训练,可以帮助儿童掌握一些重要的概念。

摇铃与开关的练习:

(1)将摇铃挂在儿童的手腕或脚腕上,当儿童摆动手脚的时候,他就可以听到摇铃的响声。你会发现,他听到响声之后就会停下来,然后静静听着。接着他会不断地摇晃或移动其手脚。重复多次,儿童会逐渐了解这种简单的因果关系概念。

(2)儿童通常喜欢不停地按电灯开关,看电灯一亮一暗,这也是一个培养因果关系概念的游戏。

六、真实生活情境

通过使用真实物体和真实情境帮助儿童学习物件概念。儿童通过视觉、听觉、嗅觉、味觉、触觉等不同方式的经验来增进其认知能力。学习物件概念时,应尽可能使用日常生活中的真实物品。

苹果概念学习:

当成人给儿童吃苹果时,就要告诉儿童:"苹果,苹果,宝宝想要苹果。"当儿童伸手来拿时,成人可以拿着苹果说"苹果",同时等待儿童做出想要的姿势并真的拿到苹果。当儿童开始能指物体时,成人可以把苹果放在儿童拿不到的地方,问:"苹果在哪里?"成人应鼓励儿童用眼睛去看苹果或用手指苹果,并鼓励儿童发音。成人可以模仿儿童的动作和发音,并把苹果交给儿童作为鼓励。

七、有限呈现

通过一次只呈现一个概念来帮助0—3岁儿童学习新概念。认知发展迟缓儿童的类化能力较差,学习大都以具体实物呈现,是因为考虑到其认知能力的发展是由具体到抽象,而由具体到抽象的过程,则是类化与迁移能力的发展。认知发展迟缓儿童大都存在认知辨认困难,因此在概念的呈现上,应该在第一次就教导其正确的观念。尽量避免先提供错误的信息,再教导正确的概念。因为0—3岁认知发展迟缓婴幼儿分辨能力有限,可能会将错误的信息当成正确的概念,加以接收。

"狗"的概念学习:

如果要教0—3岁婴幼儿认识"狗",成人可以呈现"狗"的图片或照片,这样儿童即可在记忆中将真实的"狗"与图片中的"狗"结合,将印象中看过的狗类化至图片中的狗,而会说出"狗"。

有些特殊需要儿童,真实生活中可能接触过狗,但不认识图片中的狗。因此,在概念教导上,不宜太快、太急。概念的呈现应以一次一个为原则,等到已呈现的概念已为0—3岁婴幼儿所了解之后,再加进新的概念。值得注意的是,概念呈现最初就要教导正确。例如,第一次教"狗"这个概念时,就要正确,不要称狗为"汪汪"等。

第三节　注意缺陷

一、注意缺陷概述

儿童注意缺陷多动障碍(attention deficit-hyperactivity disorders,简称 ADHD)的主要特征是明显的注意不集中和注意持续时间短暂,活动过度和冲动,常伴有学习困难或品行障碍。国外报道学龄儿童中患病率3%—5%,近半数起病于 4 岁以前,男性多于女性,性别比 4∶1—9∶1。国内调查发现患病率为 1.5%—10%。[1]

约翰(John):注意力不集中、多动、冲动[2]

约翰的母亲说:"约翰 10 个月大时开始走路,从此我就疲于奔命了。这个孩子总是在房间里跳来跳去,把家里的东西撞得东倒西歪,一刻也停不下来,做事非常莽撞,说什么都听不进去。我让他把衬衣放好,他只顾自己玩,衬衣仍然丢在地板上。约翰的日常作息简直没有什么规律,他很少睡觉。惩罚他也没有用,对我的其他孩子有用的方法对他统统无效。而且他自己做过什么,很快就忘了。他从来不会坚持把事情做完,除了玩游戏,而且除了跑步的节目外,很少看电视。"

约翰的老师说约翰在学校的主要问题是三心二意。她说:"他在课堂上经常会插嘴,而且常常从座位上跑开。"尽管约翰能完成作业,但他总会忘记将做作业需要的书带回家。而且即使他做了作业,也会忘记放进书包或者交给老师。约翰很难像其他孩子那样排队等候或者遵守纪律。别的孩子都觉得他很奇怪,不愿意和他玩。

根据以上表现,可考虑是儿童注意缺陷多动障碍,这是儿童常见的一种以注意力缺陷和活动过度为主要特征的行为障碍,是指发生在儿童期内,行为表现与其年龄极不相称,以注意力明显不能集中、活动过多、任性冲动和学习困难等为主要特征的一种综合病症。[3]

(一)临床表现

1. 注意障碍

注意力不集中,平时容易丢三落四,经常遗失玩具、学习用具或其他随身物品,忘记日

① 张理义,等.临床心理学(第 2 版)[M].北京:人民军医出版社,2008:244.
② (美)埃里克·J.马什,等.异常儿童心理(第 3 版)[M].徐宁宁,苏雪云,译.上海:上海人民出版社,2009:134.
③ 朱楠.特殊儿童发展与学习[M].武汉:武汉大学出版社,2016:168.

常的活动安排。程度轻者对某些感兴趣的活动能集中注意，重度者对任何活动都表现出注意力涣散。

2. 活动过多和冲动

图 8-2 孩子无法集中注意力

活动过度始于幼儿时期，如从小摇篮或小车往外爬。患儿经常显得很不安宁，手脚的小动作多，在座位上扭来扭去，在教室或其他要求安静的场合擅自离开座位，到处乱跑或攀爬，难以从事安静的活动或游戏，仿佛精力特别旺盛。在采取行动前缺乏思考、不顾及后果，凭一时兴趣行事，为此常与同伴发生打斗或纠纷，造成不良后果。不能安静听课，小动作明显增多，坐不住，不遵守课堂的秩序和纪律，常干扰同伴，或不能耐心地排队等候。情绪不稳定，任性冲动，不能控制自己，容易过度兴奋，也容易因受挫折而情绪低沉或出现反抗和攻击性行为。自己的要求必须立即得到满足，否则就哭闹、发脾气。

3. 学习困难

本症患儿大多数智力正常或接近正常，由于注意缺陷和多动，影响了患儿在课堂上的学习效果及完成作业的速度和质量，造成学业不良。

4. 神经心理的发育异常

患儿的精细动作、协调运动、空间知觉等发育较差，如翻手、对指运动、系鞋带和扣纽扣都不灵便，左右分辨困难。少数患儿伴有语言发育延迟、语言表达能力差、智力低下等问题。

5. 品行障碍

注意缺陷障碍与品行障碍的同病率高达 30%—58%，往往不听从父母和老师的管教，出现攻击行为和一些不符合道德规范及社会准则的行为，如打人、破坏物品、虐待他人和动物等。

（二）诊断

诊断主要依据家长及教师提供的病史，全面的躯体检查及精神检查对于诊断十分重要。诊断标准（CCMD—3）症状标准为：

1. 注意障碍

至少出现以下行为中的 4 项：

① 学习时容易分心，听见任何外界声音都要去探望；

② 上课很不专心听讲，常东张西望或发呆；

③ 做作业拖拉，边做边玩，作业又脏又乱，常少做或做错；

④ 不注意细节，在做作业或其他活动中常常出现粗心大意的错误；

⑤ 丢失或特别不爱惜东西(如常把衣服、书本等弄得很脏很乱);

⑥ 难以始终遵守指令,完成家庭作业或家务劳动等;

⑦ 做事难以持久,常常一件事没做完,又去干别的事;

⑧ 与他说话时,常常心不在焉,似听非听;

⑨ 在日常活动中常常丢三落四。

2. 多动

至少出现以下行为中的 4 项:

① 需要静坐的场合难以静坐或在座位上扭来扭去;

② 上课时常做小动作,或玩东西,或与同学说悄悄话;

③ 话多,好插嘴,别人问话未完就抢着回答;

④ 十分喧闹,不能安静地玩耍;

⑤ 难以遵守集体活动的秩序和纪律,如游戏时抢着上场,不能等待;

⑥ 干扰他人的活动;

⑦ 好与小朋友打逗,易与同学发生纠纷,不受同伴欢迎;

⑧ 容易兴奋和冲动,有一些过火的行为;

⑨ 在不适当的场合奔跑或登高爬梯,好冒险,易出事故。

(三)注意缺陷与多动障碍的分类

1994 年,美国精神病协会明确地界定了注意缺陷与多动障碍的三种类型[1][2]:

1. 以注意缺乏为主的类型

该类型儿童注意力难以集中、易健忘和分神,他们常常会分神发呆,喜欢做白日梦,但多动不是他们的显著特征。这类儿童往往表现出没有活力,性格比较冷漠,活动性也较弱。他们的注意力主要集中在内部的世界,对外部世界的关注较少。因此,尽管他们的思维可能非常活跃,但他们却很少去行动。此类注意缺陷与多动障碍儿童在学习的过程中经常容易走神、发呆,出现一边学习一边进行天马行空的想象的行为。

2. 以多动—冲动为主的类型

该类型儿童常表现出坐不安稳、话过多等行为,而且很难安静地活动,脾气执拗,容易发脾气。由于多动—冲动的特点,这类儿童容易受伤。但是,此类儿童在注意缺陷与多动障碍儿童中所占的比例较少。

3. 注意缺陷多动性障碍类型

此类儿童注意力缺乏和多动—冲动两者兼有,此类儿童在注意缺陷与多动障碍儿童

---

① 雷江华.学前特殊儿童教育[M].武汉:华中师范大学出版社,2008:160.
② (美)路得·特恩布尔,(美)安·特恩布尔,(美)玛里琳·尚克,等.今日学校中的特殊教育(上册)(第三版) [M].方俊明,汪海萍,等译.上海:华东师范大学出版社,2004:268.

中所占的比例约为 85%。[①]

二、注意缺陷的原因

本病的病因至今仍未明晰，目前认为是多种因素相互作用所致，发病相关因素如下。

（一）遗传

注意缺陷障碍具有遗传倾向，病人双亲患病率 20%，一级亲属患病率 10.9%，二级亲属患病率 4.5%。单卵双生子同病率 51%—64%，双卵双生子同病率 33%。寄养子研究发现，病人血缘亲属中患病率高于寄养亲属。此外，有人认为多基因遗传可能是本症的遗传方式。

（二）发育异常

患儿的母孕期或围产期并发症多，幼年期有动作不协调、语言发育延迟问题。

（三）心理社会因素

家庭环境和教育方式可能对本病产生影响，如家庭不和、父母感情破裂、父母对孩子过分溺爱或放任自流均可增加儿童发生多动症的风险。

（四）其他因素

营养问题、维生素缺乏、食物过敏、食品的调味剂或添加剂等可能使儿童容易产生多动症，但这方面意见不一，且对照研究资料较少。[②]

三、注意缺陷的早期干预

对于有注意缺陷障碍的儿童来说，需要采取一定的干预策略进行治疗。

1. 干预原则

（1）活动性原则

在广泛的活动中感悟和体验、矫正和调整。心理学家布鲁纳认为："尽可能使学生成为自主自动的思想家，这样的学生当他在正规学校的教育结束之后，将会独立地向前迈进。"辅导干预活动首先要让 ADHD 儿童"动"起来，寓辅导与矫治于活动之中。

（2）尊重性原则

把尊重放在首要地位，活动中积极多向反馈。ADHD 儿童尽管会存在这样那样的问题，但他们有独立的人格、独特的价值，也是有无限潜力的。被尊重也是人的基本需要，因此在活动过程中，首先要没有标签化，其次是始终把满足儿童的基本需要——尊重，放在首要地位，在整个干预过程中给予 ADHD 儿童希望和关注。

---

① 朱楠.特殊儿童发展与学习[M].武汉：武汉大学出版社，2016：169.
② 张理义，等.临床心理学[M].北京：人民军医出版社，2008：244—245.

（3）自助性原则

将注意力放在"导"上，培养儿童解决问题的能力。ADHD儿童能量无限，同时也是很有想法的一群儿童，辅导干预活动要让他们成为自主的主人，而且要让他们在成长过程中，通过多方协助，能够对各种活动有自己的各种情感体验，同时监控自己的情感反应，明确自己的目标行为，习得各种方法策略，进而能够独立自主地向前迈进，达到辅导干预活动的预定目标。

（4）发展性原则

把握儿童心理发展规律，以成长发展为本。发展是心理辅导目标中的最高境界，也是辅导活动的最高境界，就是通过各种符合ADHD儿童心理发展规律的个别辅导、团体辅导、家庭辅导，协助他们健康自主地发展。通过活动，使ADHD儿童认识自己、接纳自己，了解自己的长处、和他人的差距，从而主动制定目标，在不断的反省之中，完善自己、发展自己，学会调节自己的情绪，了解自己的潜力，培养自信心与耐挫力，树立积极向上、健康乐观的人生态度。对待ADHD儿童，需要多给一些微笑，多给一些鼓励，多给一些肯定，以营造一定的心理环境，帮助他们更好地成长。

2. 干预辅导的策略

（1）游戏法

游戏本身就能引起儿童的注意，儿童对游戏都是很专注的，因此，可以通过游戏训练ADHD儿童的注意力。教师可以在日常学习生活中适当穿插"找错""配对"等游戏。如果儿童答对，教师应及时给予表扬和鼓励；如果答错，则应及时提醒儿童注意用心观察。要让儿童注意听、注意想、注意记，帮他们逐渐在专注中获得成功和自信，让他们由游戏进入一个较好的自我状态。

（2）故事法

听故事也是儿童非常喜欢的一种形式，教师可以根据儿童的情况，选择有针对性的故事。如一些适合儿童的名人名家小时候专注的故事，这不仅有助于提高儿童对注意力重要性的认识，还能启发儿童专注训练的自觉性。同时，可以让儿童把自己学习生活中不专注的事进行总结比较，由此帮助他们认识到自己的问题，并鼓励其想办法解决。

（3）竞赛法

竞赛能调动儿童的积极性，特别包括专注的积极性。竞赛一般有游戏型竞赛、体力型竞赛和生活方面的竞赛等几类。ADHD儿童活动量较大，教师可以适时地让儿童通过体育类竞赛释放能量，使儿童在释放能量的同时，注意力的持久性得到潜移默化的提高。

（4）自我控制训练

这一训练的主要任务是通过一些简单、固定的自我命令，让儿童学会自我行为控制。例如，出一道简单的题目，要求儿童在命令自己回答之前完成四个动作：停——停止其他活动，保持安静；看——看清题目；听——听清要求；行——完成以上几点再行动。这一方法还可以用来控制一些冲动性行为。在进行自我控制训练中要注意训练顺序,任务内容应由简到繁,任务完成时间应由短到长,自我命令也应由少到多。

(5) 放松训练

用这一方法来治疗儿童的多动行为是近年来的一种新尝试,效果颇佳。由于 ADHD 儿童的身体各部位总是长时间处于紧张状态,如果能让他们的肌肉放松下来,多动现象就会有所好转。

3. 家庭治疗

家庭治疗是指以"家庭"为治疗对象的一种心理治疗方法,它以整个家庭为对象来规划和进行治疗,把焦点放在家庭成员之间的关系上,而不是过分关注个体的内在心理构造和心理状态。对于 ADHD 儿童来说,家庭氛围和教养方式意义重大,心理辅导教师在和家长商榷后,可以根据家庭治疗理论制定综合的、多方位的家庭辅导干预计划,营造良好的家庭氛围,消除家庭中导致多动症的不良刺激或精神紧张因素,协调家庭关系,缓和家庭气氛。具体方法有:

(1) 主动了解有关知识

儿童的注意缺陷障碍形成是有一定过程的,故干预矫治辅导同样需要一个较复杂的过程和一定的时间。家长应该将整个家庭视为一个功能系统,而不仅仅是将焦点集中在儿童身上,应通过家庭成员之间关系的互动,来改变体现在儿童身上的不适当交流方式,从而达到解决问题的目的。重点要放在家庭成员的相互影响上,要改变教育观点和方法。

(2) 营造和睦家庭环境

家长要营造良好的家庭氛围,消除家庭中导致多动症的不良刺激或精神紧张因素,协调家庭关系,缓和家庭气氛,防止因家庭因素使儿童心神不宁、焦虑紧张和兴奋。家长应当为儿童创造一个自由宽松的生活环境,让儿童在家有适度的放松,并安排时间与儿童融洽相处,培养儿童良好的健康习惯。例如,可与儿童一起找出以往生活中的不合理之处,通过共同商榷,制定更为合理、大家都能认同的作息制度。

(3) 参与有予行为训练

家长若想帮助儿童建立一些良好行为、消除不良行为,首先要矫正容易矫正的个别行为,再逐步深入到较难矫正的行为,然后再根据疗效巩固的情况,逐步增加需要矫正的行为,但每次增加的内容不可太多太复杂,以免使儿童分心,并注意及时肯定儿童的成绩,表扬鼓励,并给予一定奖赏,以利于强化。例如,先培养静坐、集中注意力的习惯,可从听故事、看图书或看电视培养起,逐步延长时间,达到一定时间后,就逐步培养一心不二用的好习惯。

(4) 合理科学调控饮食

研究发现,儿童多动症的发病与饮食中缺少某些微量元素有密切关系,这就为对多动症进行饮食治疗提供了科学依据。家长在儿童饮食方面应注意:不吃含水杨酸盐类多的食物;限用某些调味品,不吃含酪氨酸食品,以保护儿童消化道的正常功能;不使用含铅的食器,不让儿童吃可能受铅污染的食物和含铅量高的食物;多食富含铁的食物。

(5) 社交技能训练

社交技能训练是针对儿童的冲动行为而进行的训练,能减少攻击行为,提高儿童的社交能力及解决问题的技能。成人可采用直接指导、模仿、反馈等方式,也可采用表演儿童剧及游戏等形式,直接表现同伴之间的互相爱护、互相帮助和互相尊重,以激发儿童强烈的情感,对其控制冲动和提高社交技能也有帮助。[1]

4. 护理措施

(1) 一般护理

在患儿认知的范围内,参与治疗。训练患儿讲话时要慢,吐字清晰,音调柔和,简明扼要。提供适宜环境,减少感知刺激。针对患儿的行为特点,制定行为疗法,给予治疗。指导患儿不做危险动作,防止受伤等。

(2) 心理护理

根据患儿临床表现,寻找病因,驱除致病因素。理解、关心患儿,避免打骂、呵斥等不良刺激,要善于发现患儿的优点,给予表扬,以提高患儿的自信心。引导患儿开展正常的文体活动,克服冲动破坏行为。培养良好的生活习惯,引导患儿遵守公共秩序和道德准则,循序渐进地培养其注意力,提高办事效率。对于攻击行为,应制止。家长应与学校取得联系,不要歧视患儿,共同教育,共同管理,使患儿的行为得到控制。

(3) 认知行为治疗

对控制多动行为、冲动和侵略行为有效,通过教患儿停下来,看一看,听一听,想一想,来改善和矫正其行为。

(4) 社会化的技能

这是根据患儿的冲动行为而进行的训练,能减少攻击行为,提高儿童的社交能力及解决问题的技能。成人可让多动症儿童与富有同情心儿童多接触,也可让其参加团队活动,以提高社会化技能。

(5) 对父母双方的教育

向父母讲解 ADHD 的理论知识和应付儿童异常行为的方法。父母必须学习如何运用良好的方式来限制患儿的某些行为,指导患儿完成力所能及的家务劳动并负有一定责任。父母需要学习前后一致的、正确的、有效的行为矫正方式。

(6) 对学校方面的教育

与学校老师建立联系,向他们讲解 ADHD 的理论知识,以得到学校的帮助。教师能

---

[1]　吴增强.怎样做好个别辅导[M].上海:上海科技教育出版社,2016:150—153.

够经常观察患儿的不良行为，并针对其不良行为采取相应的对策，这利于纠正其不良行为。同时，教师要清楚了解患儿多动症病的主要特征，以采取适当的教育。①

本章小结

　　婴幼儿认知发展的常见问题有认知发展迟缓、感觉统合失调、注意缺陷等。通过本章的学习，我们了解了0—3岁婴幼儿认知发展常见问题的表现和可能原因，我们应树立早期干预意识，掌握婴幼儿认知发展常见问题的对策。

思考与练习

1. 名词解释：认知发展迟缓；感觉统合失调；前庭觉；本体感觉。
2. 婴幼儿感觉统合失调的类型有哪些？
3. ADHD 儿童的定义是什么？有哪些分类？

---

① 黄人健，李秀华.儿科护理学高级教程［M］.北京：人民军医出版社，2014：282—283.

主要参考书目

[1] 彭聃龄.普通心理学(修订版)[M].北京：北京师范大学出版社,2001.

[2] 陈坪,李殿录,李敏.学前儿童心理学[M].哈尔滨：黑龙江教育出版社,2009.

[3] 王明晖.0—3岁婴幼儿认知发展与教育[M].上海：复旦大学出版社,2011.

[4] 鲍秀兰.新生儿行为和0—3岁教育[M].北京：中国少年儿童出版社,1995.

[5] 梁宁建.当代认知心理学[M].上海：上海教育出版社,2003.

[6] 冯江平,安莉娟,等.青年心理学导论[M].北京：高等教育出版社,2004.

[7] 蒯超英.学习策略[M].武汉：湖北教育出版社,1999.

[8] 时蓉华.社会心理学(第2版)[M].上海：上海人民出版社,2002.

[9] 鲍秀兰,等.塑造最佳的人生开端：新生儿行为与0—3岁潜能开发指南[M].北京：中国商业出版社,2001.

[10] 郭亨杰.思维的拓展[M].南京：江苏科学技术出版社,2000.

[11] 郭树春.儿童保健学[M].北京：人民卫生出版社,1989.

[12] Lefrancois G R. Of children, an introduction to child development [M]. 4th ed. California：Wadsworth, Inc., 1986.

[13] Donaldson M. Children's minds [M]. New York：Norton, 1978.

[14] Vygotsky. Thought and language [M]. Cambridge：MIT Press, 1986.

[15] 张春兴.教育心理学：三化取向的理论与实践[M].杭州：浙江教育出版社,1998.

[16] 彭聃龄,等.认知心理学[M].哈尔滨：黑龙江教育出版社,1990.

[17] 杜星辰.健脑操对5—7岁原始反射未整合儿童的影响[D].沈阳：沈阳师范大学,2017.

[18] (美)劳拉·E.贝克.婴儿、儿童和青少年(第5版)[M].桑标,等译.上海：上海人民出版社,2014.

[19] 周念丽.学前儿童发展心理学(修订版)[M].上海：华东师范大学出版社,2006.

[20] 魏勇刚.学前儿童发展心理学[M].北京：教育科学出版社,2015.

[21] 冉霓,等.7—12月婴儿注意的特点及与气质相关性的研究[J].中国儿童保健杂志,2011,19(07).

[22] 陈向阳.关于知觉的先天性与后天性问题的实验研究[J].天津师范大学学报(自然版),1999(1).

[23] (美)黛安娜·帕帕拉,等.孩子的世界：从婴儿期到青春期[M].郝嘉佳,等译.北京：人民邮电出版社,2013.

[24] 李忠忱.关于1—2岁婴儿大量识字的心理分析[J].心理发展与教育,1988(3).

[25] (美)丹尼斯·博伊德,(美)海伦·比.儿童发展心理学[M].夏卫萍,译.北京：电子工业出版社,2016.

[26] 张丽锦.儿童发展[M].西安：陕西师范大学出版社,2016.

[27] (意)蒙台梭利.蒙台梭利早教方案——0—3岁智力及语言系统训练全书[M].齐开霞,译.北京：北京理工大学出版社,2013.

[28] 陈帼眉.幼儿心理学[M].北京：北京师范大学出版社,2017.

[29] 方富熹,等.儿童发展心理学[M].北京：人民教育出版社,2004.

[30] 区慕洁.婴儿智力与潜能开发大全[M].昆明：晨光出版社,2004.

[31] 汤肖丽.2—3岁婴幼儿游戏的设计与实施[J].上海教育科研,2010,(2).

[32] 吕云飞,钟暗华.婴幼儿心理发展与教育[M].开封：河南大学出版社,2010.

[33] 王孟楠.学前儿童家庭与社区教育[M].长春：东北师范大学出版社,2014.

[34] 曲东.新妈妈最想要的婴幼儿护理全书[M].北京：新时代出版社,2013.

[35] 耿同满.运动养生与健康[M].北京：人民体育出版社,2008.

[36] 李淑娟.0—4岁婴幼儿早教百科[M].北京：中国纺织出版社,2011.

[37] 浙江省《幼儿园课程指导》编写委员会.教师资料手册(游戏)[M].北京：新时代出版社,2007.

[38] 陈雅芳.0—3岁儿童心理发展与潜能开发[M].上海：复旦大学出版社,2014.

[39] 王保林,窦广元.幼儿心理学[M].郑州：郑州大学出版社,2007.

[40] 李跃儿.关键期关键帮助[M].北京：国际文化出版公司,2015.

[41] 鹿萌.中国儿童早期注意力培养(0—6岁)[M].北京：中国妇女出版社,2010.

[42] 杨霞,叶蓉.儿童感觉统合训练实用手册[M].上海：第二军医大学出版社,2007.

[43] 王辉.特殊儿童教育诊断与评估[M].南京：南京大学出版社,2007.

[44] (美)贝里·布雷泽尔顿,(美)乔舒亚·斯帕罗.儿童敏感期全书(0—3岁)[M].严艺家,译.海口：南海出版社,2014.

[45] 何侃.特殊儿童康复概论[M].南京：南京师范大学出版社,2015.

[46] (美)杰弗里·特拉威克-史密斯.儿童早期发展：基于多元文化视角(第5版)[M].鲁明易,张豫,张凤,译.南京：南京师范大学出版社,2012.

[47] 肖非,戚克敏.发展迟缓儿童早期干预教学指导用书(上册)[M].北京：商务印书馆,2014.

[48] 罗智梅.0—3岁婴幼儿身体——运动智能的发展与培养[J].科技信息(科学教研),2007(26).

[49] 武长育,等.托幼园所卫生保健工作实用手册[M].北京：中国农业出版社,2013.

[50] 李淑英,王喜亘,刘迪.特殊儿童感觉统合训练理论与实践[M].天津：天津教育出版社,2014.

[51] 丁昀.育婴师(国家职业资格四级)[M].北京：中国劳动社会保障出版社,2006.

[52] 秦奕.特殊需要儿童早期干预[M].南京：南京师范大学出版社,2014.

[53] 黄人健,李秀华.儿科护理学高级教程[M].北京：人民军医出版社,2014.

[54] 张理义,等.临床心理学(第2版)[M].北京：人民军医出版社,2008.

[55] (美)埃里克·J.马什,等.异常儿童心理(第3版)[M].徐浙宁,苏雪云,译.上海：上海人民出版社,2009.

[56] 傅宏.学前儿童心理健康[M].南京：南京师范大学出版社,2002.

[57] 朱楠.特殊儿童发展与学习[M].武汉：武汉大学出版社,2016.

[58] 雷江华.学前特殊儿童教育[M].武汉：华中师范大学出版社,2008.

[59] (美)路得·特恩布尔,(美)安·特恩布尔,(美)玛里琳·尚克,等.今日学校中的特殊教育(上册)(第三版)[M].方俊明,汪海萍,等译.上海：华东师范大学出版社,2004.

[60] 吴增强.怎样做好个别辅导[M].上海：上海科技教育出版社,2016.

[61] 北京师范大学家庭教育课题组.2岁孩子 2岁父母[M].北京：现代教育出版社,2017.